外国知识产权法律译丛

德国商标法

（德国商标与其他标志保护法）

范长军◎译

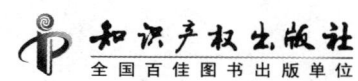

内容提要

　　本书为德国商标法最新版的中文译本。
读者范围：知识产权领域从业人员，高校法学院师生。

责任编辑：卢海鹰		**责任校对**：韩秀天	
文字编辑：倪江云		**责任出版**：卢运霞	
版式设计：卢海鹰			

图书在版编目（CIP）数据

德国商标法 / 范长军译．—北京：知识产权出版社，2012.2
（外国知识产权法律译丛）
ISBN 978-7-5130-1000-9

Ⅰ．①德… Ⅱ．范… Ⅲ．①商标法-德国 Ⅳ．①D951.63

中国版本图书馆 CIP 数据核字（2011）第 254531 号

外国知识产权法律译丛
德国商标法
（德国商标与其他标志保护法）
DEGUO SHANGBIAOFA
范长军　译

出版发行：知识产权出版社
社　　址：北京市海淀区马甸南村1号　邮　编：100088
网　　址：http://www.ipph.cn　　　　　邮　箱：bjb@cnipr.com
发行电话：010-82000860 转 8101/8102　传　真：010-82005070/82000893
责编电话：010-82000860 转 8122　　　　经　销：各大网络书店、新华书店及相关销售网点
印　　刷：知识产权出版社电子制印中心
开　　本：880mm×1230mm　1/32　　　　印　张：4.25
版　　次：2013年1月第1版　　　　　　　印　次：2013年1月第1次印刷
字　　数：85千字　　　　　　　　　　　　定　价：18.00元
ISBN 978-7-5130-1000-9/D·1376（3872）

出版权专有　侵权必究
如有印装质量问题，本社负责调换。

出版说明

知识产权出版社自成立以来一直秉承"为知识产权事业服务、为读者和作者服务、促进社会发展和科技进步"的办社宗旨,竭诚为知识产权领域的行政管理者、高校相关专业师生、法律实务工作者以及社会大众提供最优质的出版服务。

为满足国内学术界、法律实务界对相关国家知识产权法律的了解、学习及研究需求,知识产权出版社组织国内外相关法学知名学者翻译出版了这套"外国知识产权法律译丛",涉及的外国法律主要包括美国、法国、德国、日本等国家的最新专利法、商标法、著作权法。陆续出版的相关法律(中文译本)包括:《外国专利法选译》《日本商标法》《日本著作权法》《法国知识产权法典》《美国专利法》《美国商标法》《美国著作权法》《德国著作权法》《德国商标法》等,其他具有代表性的国家或洲际的知识产权法律中文译本也将适时分别推出。

真诚期待各位读者对我们出版的本套丛书提出宝贵意见。

知识产权出版社

译者简介

范长军　男，1975年出生，湖南隆回人。华中科技大学法学院讲师。2006年10月至今，受德国汉斯·赛德尔基金会（Hanns-Seidel Stiftung）资助，在德国拜罗伊特（Bayreuth）大学攻读法学博士学位。主要研究方向为知识产权法、宪法及法哲学。

德国商标法导读[1]

安斯加尔·奥利[2]

一、基础理论

德国 1995 年商标法实质上是一部总的德国标志法。它不但保护注册商标,而且保护使用商标、商业名称及产地来源标志。商标保护的目的在于保护提供者与需求者之间的联系。通过创设标志这种"联系渠道",标志所有人能将商品的质量或形象传递给潜在的顾客。商标法藉此保护标志所有人的投资,鼓励生产高质量商品,进而保护消费者。

德国第一部商标法即 1874 年的《商标保护法》只保护注册商标。该法后来被 1894 年的《货物标志保护法》取代。自 1936 年商标法改革之后,商品形状与包装也可以作为未注册的装潢受到保护。1995 年商标法一方面对《共同体商标指令》(1988 年颁布,2008 年做最近一次修改并公布为《(欧洲共同体)2008/95 号指令》)进行了转化;另一方面,将原来分散存在于商标法与反不正当

---

[1] 德文标题:Einführung zum deutschen Markengesetz。
[2] 安斯加尔·奥利(Ansgar Ohly):法学博士,LL.M(剑桥),德国慕尼黑大学法学院民法、知识产权与竞争法教授。

竞争法中的标志保护的规定予以集中。

商标权的地域性与欧盟的建立能保障商品与服务自由的内部统一市场目标之间存在紧张关系。虽然《欧盟运行条约》第34条保障商品流通自由，但其可被成员国出于保护知识产权目的而予以限制（《欧盟运行条约》第36条）。为突破这种限制，欧洲法院在很久之前就基于商品流通自由目标发展出了商标权"欧洲用尽原则"。在20世纪80年代，商标法欧洲化的呼声与要求日趋高涨，并在以下两个层面得以进行与实现：1988年的《共同体商标指令》协调欧盟范围内注册商标的保护；1994年的《共同体商标条例》（2009年做最近一次修改并公布为《207／2009号条例》）创设了在整个欧盟范围内有效、不依赖于成员国国内法的统一的共同体商标。共同体商标由设在西班牙阿利坎特的内部市场协调局登记注册。共同体商标制度体系与成员国国内商标制度体系同时并存。申请人既可以在欧盟范围内的商标保护与成员国国内的商标保护之间进行选择，也可以同时选择两种保护。

二、保护的条件与产生

商标的基本形式是文字、图形及文字与图形的组合。1995年商标法承认了新的商标形式，如立体标志、颜色、听觉标志、单个字母及动态标志，但以它们具有抽象区别力为限（第3条第1款），即能区别产品的不同提供者。由于特定的产品形状不能为单个的提供者所垄断，因而对于立体商标，还需要符合特别条件：仅仅由商品自身性质产生的形状、为获得技术效果而需有的商品形状或使商品具有实质性价值的形状组成的标志，不可作为商标受保护（第3条第2款）。在商标权的产生方面，需要区分注册商标与使用商标。对注册商标的保护，产生于将标志在设立于慕尼黑的德国专利与商标局商标注册（第4条第1项），或在阿利坎特的内部市场协调局商标注册。相反，对使用商标的保护，产生于将标志在商业交易中使用，且其在参与商业交易的群体范围内作为商标获得了"第二含义"（第4条第2项），即参与商业交易的群体将标志作为商品或服务的来源表征看待。

在商标注册之前，德国专利与商标局需要审查，是否存在绝对保护障碍（第8条）。不可图示描述的商标，不得注册（第8条第1款）。因为颜色可以通过国际颜色分类方法予以界定，因而颜色可以作为颜色商标注册。相反，根据欧洲法院的判例，气味商标是不可图示描述的（Rs. 273/00, Slg. 2002, I-11737-*Sieckmann*）。最重要的绝对保护障碍规定于第8条第2款第1~3项：对于商品或服务缺乏具体区别力的商标（第8条第2款第1项），或仅仅由描述性标志组成的商标（第8条第2款第2项），不得注册。这两种绝对保护障碍之间可能存在交叉重叠，例如描述性标志"城市服务"或"市场新鲜"，同时也缺乏区别力。标识重大事件的标志如"2006年足球世界杯"也缺乏区别力，因为公众只是将其与该事件而非与特定的商品相联系（BGH GRUR 2006, 850）。但是，需要在不同商品目录之间进行区分。例如，德国联邦最高法院认定，标志"新天鹅"仅在作为旅游纪念品而提供给参观著名的"新天鹅堡"（位于巴伐利亚州的著名旅游景点——译者注）的旅游者的商品时，不得商标注册（BGH GRUR 2012, 1044）。第8条第2款第1~3项规定的绝对保护障碍可以因为获得了"第二含义"而被克服（第8条第3款）。当参与商业交易的群体中相当多的人将标志作为来源表征看待时，该标志就获得了"第二含义"。例如，"邮政"（Post）本来是描述性的标志，但由于参与商业交易的群体中有70%的人将其理解为过去所存在的国营企业"德国邮政"，因而该标志能作为商标注册与维持（BGH GRUR 2009, 669）。立体商标与颜色商标通常会因为其"第二含义"而可注册，如保时捷911的形状及城市储蓄银行的房子颜色"红色"。在先取得的合法权利，如在先的注册商标、使用商标或企业标志等，构成注册商标的相对保护障碍。但德国专利与商标局不会依职权主动审查是否存在相对保护障碍（《巴黎公约》所保护的驰名商标除外，第10条），而是由在先权利所有人在异议或撤销程序中提起审查请求。

其他的标志权不因注册而产生。企业标志表征的不是产品，而是企业。例如，"梅赛德斯"（Mercedes）是商标，而"戴姆勒"（Daimler）是企业标志。企业标志权因为使用而产生，以存在区别力为条件（第5条第2款）。缺乏区别力的，只有在获得了"第二含义"时才受到保护。作品标题如书、音乐作品、电影或计算机程序的标题受保护的条件，与企业标志受保护的条件相同（第5条第3款）。标题表征的是作品，而不是其背后的经营者。

三、商标侵权

商标侵权的构成要件规定于第 14 条。该规定源于《共同体商标指令》,因而在解释时应与该指令及欧洲法院的判决相一致。对于企业标志,第 15 条包含了与第 14 条相平行的规定,但其并非源于欧盟法律。

构成商标侵权的第一个要件是,在商业交易中而非私人活动中使用商标。当在网上出售假冒商品时,对如何区分商业交易与私人使用就特别困难。出售一只假冒手表是私人性质的且不构成商标侵权;但提供多件相同商品的,有疑问时,将作为商标侵权对待。对商标的使用必须是出于自我商业交易目的。这意味着在"关键词广告"中,要求广告主而不是搜索引擎运营商将商标通过登录注册作为关键词使用(EuGH, Rs. C-236/08-C/238/08, Slg. 2010, I-2417-*Google France*)。对商标的使用必须发生于德国国内。成为问题的是发生于网络的使用。德国联邦最高法院已经通过判决认定,只是纯粹地可以打开使用了受保护商标的网站,不构成国内使用。它还必须与德国国内存在关联,即对商标的使用必须对德国国内市场产生影响。例如,将相关商品往德国国内寄送,构成对商标的国内使用;而一个丹麦旅馆在网络中使用了一个在德国受保护的商标进行广告,不构成对商标的国内使用,因为人们只能在德国国外接受该旅馆的服务(BGH GRUR 2005, 431-*Hotel Maritime*)。

在过去,德国的司法实践还要求以将他人商标作"合乎商标地"使用即为标识自己产品之目的地使用为条件。但欧洲法院认为，在自己的广告中为正确标识商标所有人的商品，也构成对商标的使用（EuGH，Rs. C-533/06，Slg. 2008，I-4231-02）。例如，百事可乐为了与可口可乐进行比较，在比较广告中使用了"可口可乐"商标。然而，必须是为区别产品之目的而使用商标；参与交易的相关人群将商标的使用作为纯装饰理解的，不构成商标侵权。此外，欧洲法院还要求，对商标的使用必须足以损害受保护商标的功能。该项条件首先在"相同保护"（第14条第2款第1项）范围内发生作用。根据商标法规定的"相同保护"，为与享有商标保护的商品相同的商品，使用与商标相同的标志的，构成商标侵权。该规定最初是为了禁止所谓的"海盗商品"，但自从欧洲法院将为正确标识他人商品而使用他人商标也包含于第14条第2款第1项之后，该规定的适用范围得到了明显扩张：它包含每种介绍性地使用，每一次"言及他人产品"。为重新限制这种宽泛的适用范围，欧洲法院要求以损害受保护商标的功能为条件。商标的功能在此不仅包括来源表征功能，还包括广告功能、质量保障功能、联系功能及投资载体功能（EuGH，Rs. C-487/07，Slg. 2009，I-5185-*L'Oréal/Bellure*）。基于该基础，德国联邦最高法院认为在搜索引擎范围内将他人的商标作为关键词使用，如果没有损害来源表征功能，即消费者在产品的来源方面没有受到误导时，是合法的（EuGH，Rs. C-236/08-C/238/08，Slg. 2010，I-2417-*Google France*）。

根据第14条第2款第2项，为相同或相似的产品使用与商标相同或相似的标志并因此导致混淆危险的，构成商标侵权。对于混淆危险的判断，存在以下三个标准：标志的相似度、商品或服务的相似度及商标的区别力。标志的相似度越高，则对商品相似度的要求越低。第14条第2款第3项为知名商标提供了扩大保护。它不仅禁止使用于相似产品，而且禁止使用于不相似产品，但以导致参与交易的相关人群在被使用的标志与该知名商标之间产生了想象上的关联为限。此外，该规定还以存在不正当行为为要件：因为使用该商标而导致商标价值受到损害（贬低）、区别力受到损害（淡化）或以不正当方式利用商标的区别力（榨取）。例如，香水生产商供应的香水散发的香味如同某品牌香水，其包装让人联想到该品牌香水，并向购买者指明两种香水之间的等同性，其行为构成对该品牌香水商标的区别力的榨取（EuGH, Rs. C-487/07, Slg. 2009, I-5185-*L'Oréal/Bellure*）。

四、商标权的限制

如同著作权法，欧洲的商标法也缺乏一个总的合理使用限制制度。主要的限制制度规定于第23条与第24条。第23条第1项允许第三人使用自己的姓名并因此表述了一个主要在企业标志中具有重要意义的基本原则：根据同名权，任何人都可以在商业交易中使用其姓名。但必须采取措施，以避免与其他企业相混淆。根据第23条第2项，允许使用描述性的标志，即使其与受保护的标志相同或相似。根据第23条第3项，为告知附件或零配件的特性之目的，允许使用他人的商标。但只有在不违反善良风俗时，前述三种使用才是合法的。第24条规定了商标权用尽原则：使用了某商标的商品由商标所有人或经其同意而已销售的，不得禁止在原商标之下继续销售原商品，但存在合理理由的除外。商品已发生改变，或继续销售的方式有损商标的良好声誉的，构成可以禁止继续销售的合理理由。

对于注册商标，存在使用强制，但有5年的使用宽限期。因而在注册之后的5年内，商标所有人即使没有使用商标，也可以主张商标权。根据第25条，商标所有人在主张其请求权之前的5年内没有使用商标的，不再享有请求权。

五、转让与许可

商标权可以自由转让。原来的只能连同企业一起转让之规定，在1992年被废除。商标所有人也能授予排他或普通许可。不同于专利法与著作权法，排他许可的被许可人在商标法中仅经商标所有人同意才有权追究侵权人的法律责任（第30条第3款）。

六、与反不正当竞争法的关系

长久以来，德国商标法与反不正当竞争法的关系纠缠不清。在1995年之前，反不正当竞争法为商标法提供补充保护：当时的反不正当竞争法保护企业标志，并为知名商标提供扩大保护。在1995年商标法中，立法者着力实现标志法的统一法典化。自此以后，德国联邦最高法院转向所谓的"优先论"：原则上，对标志的保护封闭性地规定于商标法中，因而不再存在反不正当竞争法补充保护的余地。

该立场在欧盟2005年的《不正当商业行为指令》颁布之后受到了怀疑：该指令不仅保护消费者免受产品质量方面的误导；而且规定，导致混淆危险的，也作为误导看待。由于导致混淆危险同时也是商标法规定的商标侵权的最重要构成要件，因而商标法与反不正当竞争法在此存在交叉重叠。另一个交叉重叠之处是比较广告。反不正当竞争法对比较广告进行了规制，而在广告比较中使用他人商标也可能侵害商标权。因此商标法与反不正当竞争法在此可以平行适用。但在解释反不正当竞争法时应该考虑商标法的立法目标。例如，描述性地使用某标志，在其根据商标法第23条第2项为合法行为时，不能根据反不正当竞争法将其作为误导行为而予以禁止。

七、权利的实现

在德国，商标权的实现在很大程度上依赖民事责任手段。虽然对侵权行为也可处以刑事处罚，但刑事手段只是例外形式。存在侵权行为时，权利所有人可请求排除妨碍，有重复危险时可请求不作为（第14条第5款）。损害赔偿请求权以存在过错为条件。由于因侵权行为所导致的损害通常很难计算，因而德国商标法第14条第6款提供了三种损害计算方式：权利所有人首先可证明具体的损害，其次可以合理的许可费为基础计算，最后可请求侵害人返还侵权利润。有意见认为，为了预防侵权行为发生之目的，在以合理的许可费为基础计算损害时，应提高许可费的金额。这种意见到目前为止并未得到实现，因为德国法不承认"惩罚性赔偿"，关于损害赔偿的各立法规定也是基于禁止不当得利之基本原则：受害人仅能获得补偿损害的赔偿，而不能因此获利。

通过转化《为实现知识产权法律（欧洲共同体）2004/48 号指令》，德国商标法为权利的实现提供了更强的保障。特别是权利所有人对本身没有侵害商标权的经营者也享有信息提供请求权（第 19 条）。因而权利所有人可以请求网络服务商提供权利侵害人的身份信息。但通常需要法官为此事先颁发命令（第 19 条第 9 款）。在一定条件下，权利所有人也可以请求出示或检查侵权嫌疑物（第 19a 条）。

在网络中发生商标侵权时，通常不是很轻易地就能知道侵害人，而在网络销售平台如 eBay 中又往往存在大量的商标侵权行为，因而权利所有人只好追究平台运营商的责任。德国法允许根据"妨碍人责任"的基本原则向平台运营商主张不作为请求权：因为其行为而使侵权行为得以发生，并违反了注意与控制义务的，应承担不作为责任。欧洲法院也证实，平台运营商如 eBay 即使其自己没有从事侵权行为，也可以针对其主张商标法上的请求权（EuGH, Rs. C-324/09-*L'Oréal/eBay*）。

目　　录

第一部分　适用范围 // 1

第 1 条　受保护的商标及其他标志 ………………… 1
第 2 条　其他法律规定的适用 ……………………… 1

第二部分　商标与商业名称保护的条件、内容与限制，转让与许可 // 2

第一章　商标与商业名称，优先地位与时间顺序 …… 2
第 3 条　可作为商标受保护的标志 ………………… 2
第 4 条　商标保护的产生 …………………………… 2
第 5 条　商业名称 …………………………………… 3
第 6 条　优先地位与时间顺序 ……………………… 4

第二章　注册商标保护之条件 ……………………… 5
第 7 条　所有人 ……………………………………… 5
第 8 条　绝对保护障碍 ……………………………… 5
第 9 条　已提出注册申请的或已注册的商标作为相对保护障碍 ……………………………… 7
第 10 条　驰名商标 …………………………………… 7

第 11 条　代理商标 ··· 8

第 12 条　在先的通过使用取得的商标及商业
名称 ··· 8

第 13 条　其他在先权利 ··· 8

第三章　保护的内容，权利侵害 ································· 9

第 14 条　商标所有人的独占权利，不作为请求
权，损害赔偿请求权 ······················· 9

第 15 条　商业名称所有人的独占权利，不作为
请求权，损害赔偿请求权 ··············· 11

第 16 条　已注册商标在工具作品中的复制件 ··· 11

第 17 条　对代理人或代表人的请求权 ············· 12

第 18 条　销毁与召回请求权 ···························· 12

第 19 条　信息提供请求权 ································ 13

第 19a 条　出示与检查请求权 ·························· 15

第 19b 条　损害赔偿请求权的保障 ·················· 15

第 19c 条　公告判决 ··· 16

第 19d 条　其他法律规定的适用 ····················· 16

第四章　保护的限制 ··· 17

第 20 条　诉讼时效 ··· 17

第 21 条　请求权的丧失 ································· 17

第 22 条　请求权在在后商标之注册的存续力时
的排除 ··· 18

第 23 条　使用姓名与描述性标志，零配件
交易 ··· 18

第 24 条　用尽 ··· 19

第 25 条　请求权在缺乏使用时的排除 ············ 19

第26条　商标的使用 ································· 20

第五章　商标作为财产标的 ································· 20
　　第27条　权利转移 ································· 20
　　第28条　权利所有人推定，送达所有人 ········ 21
　　第29条　物权，强制执行，破产程序 ············ 22
　　第30条　许可 ································· 23
　　第31条　已提出注册申请的商标 ················ 23

第三部分　商标事务中的程序 // 24

第一章　注册程序 ································· 24
　　第32条　申请之要件 ································· 24
　　第33条　申请日，注册请求权，公布申请 ······ 24
　　第34条　外国优先权 ································· 25
　　第35条　展览优先权 ································· 26
　　第36条　对申请之要件的审查 ················ 27
　　第37条　绝对保护障碍之审查 ················ 27
　　第38条　加速审查 ································· 29
　　第39条　撤回，申请的限制与更正 ············ 29
　　第40条　申请的分案 ································· 29
　　第41条　注册 ································· 29
　　第42条　异议 ································· 29
　　第43条　缺乏使用之抗辩，异议裁定 ············ 30
　　第44条　同意注册之诉 ································· 31

第二章　更正，分案，保护期限及续展 ············ 31
　　第45条　注册簿与注册公布的更正 ············ 31

第46条　注册的分案 ………………………………… 31
　　第47条　保护期限与续展 …………………………… 32
第三章　放弃、失效及无效，撤销程序…………………… 33
　　第48条　放弃 ………………………………………… 33
　　第49条　失效 ………………………………………… 33
　　第50条　因绝对保护障碍而无效 …………………… 34
　　第51条　因存在在先权利而无效 …………………… 35
　　第52条　因为失效或无效而撤销的效力 …………… 36
　　第53条　因为失效而由专利局撤销 ………………… 36
　　第54条　专利局因为绝对保护障碍而撤销的
　　　　　　程序 ………………………………………… 37
　　第55条　普通法院的撤销之诉 ……………………… 37
第四章　关于专利局程序的一般规定……………………… 38
　　第56条　专利局内的管辖 …………………………… 38
　　第57条　依法回避与申请回避 ……………………… 39
　　第58条　鉴定 ………………………………………… 39
　　第59条　调查案件事实，法律听证 ………………… 40
　　第60条　调查，听证，笔录 ………………………… 40
　　第61条　决定，告知法律救济 ……………………… 40
　　第62条　卷宗的查阅，注册簿的查阅 ……………… 41
　　第63条　程序费用 …………………………………… 41
　　第64条　抗议 ………………………………………… 42
　　第64a条　专利局程序中的费用规则 ………………… 43
　　第65条　行政法规授权 ……………………………… 43
第五章　专利法院程序……………………………………… 45
　　第66条　抗告 ………………………………………… 45

第 67 条　抗告庭，审理公开 …………………………… 46
第 68 条　专利局局长的参与 …………………………… 47
第 69 条　口头审理 ……………………………………… 47
第 70 条　对抗告的裁判 ………………………………… 47
第 71 条　抗告程序费用 ………………………………… 48
第 72 条　依法回避与申请回避 ………………………… 48
第 73 条　调查案件事实，口头审理准备 ……………… 49
第 74 条　举证 …………………………………………… 49
第 75 条　传唤 …………………………………………… 50
第 76 条　口头审理的进行 ……………………………… 50
第 77 条　笔录 …………………………………………… 51
第 78 条　自由心证，法律听证 ………………………… 51
第 79 条　宣判，送达，说明理由 ……………………… 51
第 80 条　更正 …………………………………………… 52
第 81 条　代理，全权代表 ……………………………… 52
第 82 条　其他法律规定的适用，可撤销性，
　　　　　卷宗的查阅 …………………………………… 53

第六章　联邦最高法院程序 ……………………………… 54

第 83 条　准许的与无需准许的法律抗告 ……… 54
第 84 条　抗告权，抗告理由 …………………………… 55
第 85 条　形式条件 ……………………………………… 55
第 86 条　合法与否的审查 ……………………………… 56
第 87 条　多个参与人 …………………………………… 56
第 88 条　其他法律规定的适用 ………………………… 56
第 89 条　对法律抗告的裁判 …………………………… 57
第 89a 条　侵害法律听证请求时的消除 ………… 57

第90条　费用确定 …………………………………… 57
第七章　共同规定 ……………………………………… 58
第91条　重新恢复 ……………………………………… 58
第91a条　申请的继续处理 …………………………… 59
第92条　真实义务 ……………………………………… 60
第93条　官方语言与法院工作语言 …………………… 60
第93a条　证人的补偿，鉴定人的报酬 ……………… 60
第94条　送达 …………………………………………… 60
第95条　法律协助 ……………………………………… 61
第95a条　电子文件，行政法规授权 ………………… 61
第96条　国内代理人 …………………………………… 62
第96a条　法院程序拖长时的权利保护 ……………… 63

第四部分　集体商标 // 64

第97条　集体商标 ……………………………………… 64
第98条　所有人 ………………………………………… 64
第99条　产地来源标志作为集体商标的可注册性 …… 64
第100条　保护的限制，使用 ………………………… 64
第101条　诉讼权限，损害赔偿 ……………………… 65
第102条　商标章程 …………………………………… 65
第103条　申请之审查 ………………………………… 66
第104条　商标章程的修改 …………………………… 66
第105条　失效 ………………………………………… 66
第106条　因为绝对保护障碍而无效 ………………… 66

第五部分 根据《马德里商标协定》及《马德里商标协定议定书》的商标保护，共同体商标 // 68

第一章 根据《马德里商标协定》的商标保护………… 68
 第107条 本法规定的适用；语言………………… 68
 第108条 国际注册之请求……………………… 68
 第109条 费用…………………………………… 69
 第110条 登记于注册簿………………………… 69
 第111条 事后的保护延伸……………………… 69
 第112条 国际注册的效力……………………… 69
 第113条 绝对保护障碍的审查………………… 70
 第114条 异议…………………………………… 70
 第115条 事后剥夺保护………………………… 70
 第116条 基于国际注册的商标的异议与撤销之请求…………………………………… 71
 第117条 排除因为缺乏使用而产生的请求权… 71
 第118条 国际注册的商标转让时的同意……… 71

第二章 根据《马德里商标协定议定书》的商标保护……………………………………………… 72
 第119条 本法规定的适用；语言………………… 72
 第120条 国际注册之请求……………………… 72
 第121条 费用…………………………………… 73
 第122条 附记于卷宗，登记于注册簿………… 73
 第123条 事后的保护延伸……………………… 73

第 124 条　关于根据《马德里商标协定》的国际
　　　　　　注册商标的效力规定的准用……………… 74

第 125 条　国际注册的转换……………………………… 74

第三章　共同体商标……………………………………… 75

第 125a 条　向专利局提交共同体商标申请 …… 75

第 125b 条　本法规定的适用 ………………………… 76

第 125c 条　事后确定商标不产生预期效力 …… 78

第 125d 条　共同体商标的转换 ……………………… 79

第 125e 条　共同体商标法院，共同体商标争议
　　　　　　　案件 ……………………………………… 80

第 125f 条　通知委员会 ……………………………… 80

第 125g 条　共同体商标法院的地域管辖 ……… 80

第 125h 条　破产程序 ………………………………… 81

第 125i 条　发给执行条款 …………………………… 82

第六部分　产地来源标志 // 83

第一章　产地来源标志的保护…………………………… 83

第 126 条　作为产地来源标志受保护的名称、
　　　　　　标识 ………………………………………… 83

第 127 条　保护的内容……………………………… 83

第 128 条　因侵害而产生的请求权………………… 84

第 129 条　诉讼时效………………………………… 85

第二章　根据（欧洲共同体）510/2006 号条例的
　　　　地理标志与原产地名称的保护…………………… 85

第 130 条　专利局程序；对请求的异议………… 85

第131条 对被建议的登记的异议 …………… 86
第132条 请求修改详细说明，撤销程序 …… 86
第133条 法律救济 ………………………… 87
第134条 监管 ……………………………… 87
第135条 因侵害而产生的请求权 ………… 89
第136条 诉讼时效 ………………………… 89
第三章 授权颁布行政法规 …………………… 89
第137条 专利局程序；对请求的异议 …… 89
第138条 对（欧洲共同体）510/2006号条例
之下的请求及异议程序的其他规定 …… 90
第139条 （欧洲共同体）510/2006号条例的
实施规定 ……………………………… 90

第七部分 标志诉讼程序 // 92

第140条 标志争议案件 …………………… 92
第141条 本法与反不正当竞争法规定的请求权
的审判籍 ……………………………… 92
第142条 诉讼标的额的减少 ……………… 93

第八部分 刑罚与罚款规定，
进出口中的扣押 // 94

第一章 刑罚与罚款规定 ……………………… 94
第143条 可刑罚的标志侵害 ……………… 94
第143a条 可刑罚的共同体商标侵害 ……… 95

第 144 条　可刑罚的产地来源标志的使用 ········· 96
第 145 条　罚款规定 ····························· 97

第二章　商品进出口中的扣押 ···················· 98
第 146 条　侵害标志权中的扣押 ················· 98
第 147 条　没收，异议，扣押的取消 ············· 99
第 148 条　管辖，法律救济 ····················· 100
第 149 条　无理由扣押中的损害赔偿 ············ 100
第 150 条　根据（欧洲共同体）1383/2003 号
　　　　　条例的程序 ························· 100
第 151 条　根据德国法的产地来源标志中的
　　　　　程序 ······························· 101

第九部分　过渡规定 // 103

第 152 条　本法的适用 ························· 103
第 153 条　对主张因侵害而产生的请求权的
　　　　　限制 ······························· 103
第 154 条　物权，强制执行，破产程序 ········· 104
第 155 条　许可 ······························· 104
第 156 条　对已提出申请的商标的绝对保护障碍
　　　　　的审查 ····························· 104
第 157 条　公布与注册 ························· 105
第 158 条　异议程序 ··························· 105
第 159 条　申请的分案 ························· 107
第 160 条　保护期限及续展 ····················· 107
第 161 条　已注册商标因失效而撤销 ············ 107

第 162 条　已注册商标因绝对保护障碍而撤销 …………………………… 108

第 163 条　已注册商标因存在在先权利而撤销 …………………………… 108

第 164 条　（已废除）………………………… 109

第 165 条　过渡规定 ………………………… 109

德国商标法❶

第一部分 适用范围

第 1 条 受保护的商标及其他标志

本法保护❷：

（1）商标；

（2）商业名称；

（3）产地来源标志。

第 2 条 其他法律规定的适用

本法对商标、商业名称及产地来源标志的保护，不排除保护标志的其他法律规定❸的适用。

---

❶ 1994 年 10 月 25 日的《商标法》（见《联邦法律公报》，1994 年，第一部分，第 3082 页；1995 年，第一部分，第 156 页；1996 年，第一部分，第 682 页），最后一次为 2011 年 11 月 24 日的法律（见《联邦法律公报》，2011 年，第一部分，第 2302 页）第 15 条所修改，反映德国《商标法》2011 年 11 月 24 日的立法状况。（Markengesetz vom 25. Oktober 1994 (BGBl. 1994 I S. 3082; 1995 I S. 156; 1996 I S. 682), das zuletzt durch Artikel 15 des Gesetzes vom 24. November 2011 (BGBl. 2011 I S. 2302) geändert worden ist. Stand: 24. 11. 2011.）

❷ 与许多国家的商标法不同，德国商标法不但保护商标，而且保护商业名称与产地来源标志。德国商标法的全称因而为《商标与其他标志保护法》。其中，"标志"是商标、商业名称与产地来源标志的上位概念。

❸ 如保护姓名使用权的德国《民法典》第 12 条或保护商号的德国《商法典》第 17 条以下。

第二部分 商标与商业名称保护的条件、内容与限制，转让与许可

第一章 商标与商业名称，优先地位与时间顺序

第3条 可作为商标受保护的标志

1. 任何足以将企业的商品或服务与其他企业的商品或服务区别开来的标志，特别是包含人的姓名在内的文字、图形、字母、数字、听觉标志、包含商品或其包装的形状在内的三维外型及其他的包含颜色与颜色组合在内的装潢，可作为商标受保护。

2. 仅仅由下列形状之一组成的标志，不可作为商标受保护：

（1）由商品自身的性质产生的形状；
（2）为获得技术效果而需有的商品形状；
（3）使商品具有实质性价值的形状。

第4条 商标保护的产生

商标保护通过下列情形之一而产生：

（1）将标志作为商标注册于专利局❶的商标注册簿；

（2）将标志在商业交易中使用❷，且其在参与商业交易的群体范围内作为商标获得了第二含义；

（3）因为《保护工业产权巴黎公约》(《巴黎公约》) 第 6 条意义的商标的驰名。

第 5 条　商业名称

1. 企业标志及作品标题可作为商业名称受保护。

2. 企业标志是指在商业交易中作为姓名❸、商

---

❶　本法中的专利局的全称是"德国专利与商标局"。德国专利与商标局设在慕尼黑，是下属联邦司法部的独立的联邦高等行政机关，是德国工业产权保护领域的中央机关。其虽然为行政机关，作出的决定为行政行为，但其决定的作出适用《商标法》《专利法》《实用新型法》及《外观设计法》等各工业产权法的特别规定，而非《行政程序法》，对决定的审查不是由行政法院，而是由联邦专利法院及联邦最高法院管辖。德国专利与商标局处理与商标、专利、实用新型及外观设计等相关的事务，其人员、组织结构、任务及程序等分别规定于《商标法》《专利法》《实用新型法》及《外观设计法》等各单行法中，并通过《德国专利与商标局条例》予以补充。德国专利与商标局设五大主要部门，其中第一主要部门负责专利与补充保护证书事务，第三主要部门负责商标、实用新型、外观设计及拓扑图的登记注册与撤销事务。

❷　除因注册与驰名外，还因使用而产生商标保护。所以德国《商标法》所保护的商标有注册商标、使用商标与驰名商标这三类。不但注册商标，而且使用商标与驰名商标，都必须符合第 3 条所规定的条件。

❸　这里的"姓名"，既包括自然人的姓名，也包括法人的名称。其中，自然人的姓名，既可能是自然人的姓，也可能是自然人的名，也可以是整体的姓名。但是，一般情况下，自然人以其姓来进行指称，所以作为企业标志的主要是自然人的姓。

号❶或营业❷、企业的特别标识而使用的标志。在参与商业交易的群体范围内被视为企业标志的商业标识及将企业与其他企业区别开来的其他标志❸，等同于企业的特别标志。

3. 作品标题是指印刷作品、电影作品、录音作品、舞台作品或其他具有同比性的作品❹的名称或特别标志。

第6条 优先地位与时间顺序

1. 在同时存在第4条、第5条及第13条意义上的权利的情形中，如果根据本法依各权利的时间顺序决定各权利的优先地位，则时间顺序根据第2款及第3款确定。

2. 对于已提出申请的商标或注册商标的时间顺序的

---

❶ 这里的"商号"是指德国《商法典》第17条第1款规定的"商人的商号"，是指商人据以进行其营业及进行签名的名称。由于前述的"姓名"也必须是自然人或法人在商业交易中所使用的标志，所以在这里没有必要区分"姓名"与"商号"。对自然人或法人在私人领域的"姓名"保护，适用德国《民法典》第12条：权利人的姓名使用权为他人所争执或权利人的利益因他人不经授权使用同一姓名而受到侵害的，权利人可以请求该他人排除妨碍。有继续侵害之虞的，权利人可以提起不作为之诉。

❷ 营业是指企业某一特定的经营活动，属于企业的一部分。

❸ 包括雇员的穿着、公司车辆的颜色、办公大楼或商店的装潢、电话号码或电报挂号等。例如，快递公司"DHL"的快递员的穿着以及快递车的统一颜色黄色；而另一快递公司"UPS"的快递员的穿着以及快递车的统一颜色褐色。

❹ 游戏或计算机程序属于"其他具有同比性的作品"。与印刷作品、电影作品、录音作品或舞台作品等主要通过阅读、观赏或聆听等传统方式来实现对作品内容的获知不同，对游戏或计算机程序等作品需要通过参与使用才能实现其内容与功能。

确定,由申请日(第33条第1款),或根据第34条或第35条要求了优先权的由优先权日决定。

3. 对于第4条第2项与第3项、第5条及第13条意义上的权利的时间顺序的确定,由获得权利的时间决定。

4. 各权利根据第2款、第3款是同一日作为其时间顺序的,则各权利地位等同且相互之间不产生请求权。

第二章　注册商标保护之条件

第7条　所有人

下列可以作为已提出注册申请的商标及注册商标的所有人:

(1) 自然人;

(2) 法人;

(3) 具有取得权利与负担债务的能力的合伙。

第8条　绝对保护障碍

1. 第3条意义上的可作为商标受保护的标志,不可图示描述的,不得注册。

2. 下列商标不得注册:

(1) 对于商品或服务缺乏任何区别力的;

(2) 仅仅由在商业交易中能标示种类、性质、数量、使用目的、价值、产地来源、生产商品或提供服务的时间或标示商品、服务的其他特征的标志或指示组成的;

(3) 仅仅由在日常用语或良好而又持久的商业惯例

中已成为标示商品或服务的通用标志或指示组成的；

（4）足以欺骗公众的，特别是关于商品或服务的种类、性质或产地来源方面；

（5）违反公共秩序或善良风俗的；

（6）包含国徽、国旗或其他的国家尊严标志或国内地区、市镇或其他地区社团的徽章的；

（7）包含根据联邦司法部在《联邦法律公报》中的公告不得作为商标注册的官方检验标志、保证标志的；

（8）包含根据联邦司法部在《联邦法律公报》中的公告不得作为商标注册的政府间国际组织的徽章、旗帜或其他标志、名称或印章的；

（9）根据其他法律规定其使用出于公共利益明显地将被禁止的；

（10）提出恶意申请的。

3. 商标在作出注册决定之前由于其使用而在参与商业交易的群体范围内作为申请所指定的商品或服务的区别标志的，不适用第 2 款第 1 项、第 2 项、第 3 项。

4. 商标包含对第 2 款第 6 项、第 7 项、第 8 项所述标志的模仿的，同样适用这些规定。申请人被授权在其商标中包含第 2 款第 6 项、第 7 项、第 8 项所述标志的，不适用这些规定，即使其可能与这些规定所述的其他标志相混淆。此外，为之提出商标注册申请的商品或服务，与被采用检验标志或保证标志的商品或服务既不相同也不近似的，不适用第 2 款第 7 项。此外，已提出注册申请的商标不足以在公众中造成与政府间国际组织存在关联的不真实印象的，不适用第 2 款第 8 项。

第9条 已提出注册申请的或已注册的商标作为相对保护障碍

1. 存在下列情形之一时，得撤销商标的注册：

（1）该商标与已提出申请的或已注册的在先商标相同，且该商标注册所指定的商品或服务与已提出申请的或已注册的在先商标所指定的商品或服务相同；

（2）由于该商标与已提出申请的或已注册的在先商标相同或近似，且由这两类商标所包含的商品或服务相同或近似，而在公众中产生包含这些商标之间存在想象上的关联危险在内的混淆危险；

（3）该商标与已提出申请的或已注册的在先商标相同或近似，该商标注册所指定的商品或服务与已提出申请的或已注册的在先商标所指定的商品或服务不相类似，但在先商标是国内知名商标，该已注册商标的使用将无合理理由而以不正当的方式充分利用或损害该知名商标的区别力或声誉。

2. 商标申请只有在商标已注册时，才构成第1款意义的注册商标的障碍。

第10条 驰名商标

1. 商标与在先的《巴黎公约》第6条意义的国内驰名商标相同或近似，且符合第9条第1款第1项、第2项或第3项规定的条件的，不得注册。

2. 驰名商标的所有人授权申请人申请注册的，不适用第1款。

第 11 条 代理商标

未经商标所有人同意,以商标所有人的代理人或代表人的名义注册商标的,得撤销该商标注册。

第 12 条 在先的通过使用取得的商标及商业名称

他人在能决定已注册商标的时间顺序的日期之前,取得了第 4 条第 2 项意义的商标权或第 5 条意义的商业名称权,且这些权利使该他人有权在整个德意志联邦共和国领域禁止使用已注册的商标的,得撤销该商标注册。

第 13 条 其他在先权利

1. 他人在能决定已注册商标的时间顺序的日期之前,取得了第 9~12 条未规定的其他权利,且这些权利使该他人有权在整个德意志联邦共和国领域禁止使用已注册的商标的,得撤销该商标注册。

2. 下列特别属于第 1 款意义的其他权利:

(1) 姓名权;
(2) 个人肖像权;
(3) 著作权;
(4) 品种名称;
(5) 产地来源;
(6) 其他工业产权。

第三章 保护的内容，权利侵害

第 14 条 商标所有人的独占权利，不作为请求权，损害赔偿请求权

1. 根据第 4 条获得的商标保护，授予商标所有人以独占权利。

2. 未经商标所有人同意，禁止第三人在商业交易中：

（1）为与享有商标保护的商品或服务相同的商品或服务，使用与商标相同的标志；

（2）使用某种标志，由于该标志与商标相同或近似，且由商标与标志所包含的商品或服务相同或近似，而在公众中产生包含标志与商标之间存在想象上的关联危险在内的混淆危险；

（3）为与享有商标保护的商品或服务不相类似的商品或服务，使用与商标相同或近似的标志，如果商标是国内知名商标，该标志的使用将无合理理由而以不正当的方式充分利用或损害该知名商标的区别力或声誉。

3. 在符合第 2 款的条件时，特别禁止下列情形：

（1）在商品、装潢或包装上使用该标志；

（2）在该标志之下许诺销售、销售商品或为这些目的占有商品；

（3）在该标志之下许诺销售或提供服务；

(4)在该标志之下进口或出口商品；

(5)在商业文件或广告中使用该标志。

4. 此外，未经商标所有人同意，禁止第三人在商业交易中：

(1)在装潢或包装上或在标示物如标签、饰物、标牌或类似物上使用与商标相同或近似的标志；

(2)许诺销售、销售或为这些目的占有使用了与商标相同或近似的标志的装潢、包装或标示物；

(3)进口或出口使用了与商标相同或近似的标志的装潢、包装或标示物，如果存在这些装潢或包装将用于装潢或包装、标示物将用于标示商品或服务的危险，而考虑到这些商品或服务本可以禁止第三人使用该标志。

5. 违反第2～4款而使用标志的，在有重复危险时商标所有人可以请求不作为。在首次存在违法行为的危险之虞，也存在该请求权。

6. 故意或有过失地从事侵害行为的，负向商标所有人赔偿因此而发生的损害的义务。在计算损害赔偿时，也可以考虑侵害人通过权利侵害而所获得的利润。损害赔偿请求权也可以以假设侵害人取得使用商标的许可而需要支付的合理的许可费的金额为基础计算。

7. 在商业企业中由雇员或受托人从事侵害行为的，也可以针对企业主主张不作为请求权；以雇员或受托人故意或有过失地从事行为为限，也可以针对企业主主张损害赔偿请求权。

第 15 条 商业名称所有人的独占权利，不作为请求权，损害赔偿请求权

1. 获得的商业名称保护，授予商业名称所有人以独占权利。

2. 禁止第三人在商业交易中未经同意而以足以导致与受保护的商业名称相混淆的方式使用商业名称或近似的标志。

3. 此外，商业名称是国内知名商业名称的，如果即使不存在第 2 款意义的混淆危险，但标志的使用将无合理理由而以不正当的方式充分利用或损害商业名称的区别力或声誉，也禁止第三人在商业交易中使用商业名称或相近似的标志。

4. 违反第 2 款或第 3 款而使用商业名称或相近似标志的，在有重复危险时商业名称所有人可以请求不作为。在首次存在违法行为的危险之虞，也存在该请求权。

5. 故意或有过失地从事侵害行为的，负向商业名称所有人赔偿因此而发生的损害的义务。准用第 14 条第 6 款第 2 句、第 3 句。

6. 准用第 14 条第 7 款。

第 16 条 已注册商标在工具作品中的复制件

1. 已注册商标在字典、百科全书或类似工具作品中的复制件造成这种印象，即该商标是该商标注册所指定的商品或服务的种类名称的，商标所有人可以请求作品的出版者，给商标的复制件附加涉及的是已注册商标的提示。

2.作品已出版的,该请求权限于在作品新版中列入第1款规定的提示。

3.以电子数据库形式供应工具作品或提供包含工具作品的电子数据库的入口的,准用第1款、第2款。

第17条 对代理人或代表人的请求权

1.违反第11条而未经商标所有人同意以其代理人或代表人名义提出商标注册申请或已注册商标的,商标所有人有权请求转移通过商标注册申请或商标注册而所产生的权利。

2.违反第11条而以商标所有人的代理人或代表人名义提出商标注册申请或已注册商标的,如果商标所有人未同意代理人或代表人的第14条意义的商标使用,则其可以禁止这种使用。代理人或代表人故意或有过失地从事行为的,负向商标所有人赔偿因侵害行为而发生的损害的义务。准用第14条第7款。

第18条 销毁与召回请求权

1.商标或商业名称的所有人在第14条、第15条、第17条的情形中可以请求侵害人销毁为侵害人占有或所有的违法标示的商品。第1句准用于主要用于违法标示上述商品的由侵害人所有的材料及器具。

2.商标或商业名称的所有人在第14条、第15条、第17条的情形中可以请求侵害人召回或彻底从销售途径中清除违法标示的商品。

3.在具体个案中主张第1款、第2款规定的请求权不合比例的,则排除这些请求权。在审查合比例时,也必须考虑第三人的合法利益。

第 19 条 信息提供请求权

1. 商标或商业名称的所有人在第 14 条、第 15 条、第 17 条的情形中可以请求侵害人不迟延地提供关于违法标示的商品或服务的来源与销售途径的信息。

2. 在明显侵权或商标、商业名称的所有人已针对侵害人提起诉讼的情形中，不影响第 1 款的适用，对于在工商业范围内从事了下列活动之一的人，除根据《民事诉讼法》第 383~385 条有权在针对侵害人的诉讼中拒绝作证的人外，也享有该请求权：

（1）占有侵权商品；

（2）接受侵权服务；

（3）提供为侵权活动所使用的服务；

（4）根据第 1 项、第 2 项或第 3 项所称的人的指示参与该产品的制造、生产或销售或该服务的提供。在根据第 1 句向法院主张该请求权的情形中，法院依请求可以至因为信息提供请求权而产生的法律争议完结为止中止针对侵害人的尚未审结的法律争议。负提供信息义务的人可以请求受害人赔偿为提供信息所必需的费用。

3. 负提供信息义务的人必须告知：

（1）确定的产品的制造商、供应商及其他的原占有人或服务的接受人及工商业顾客与销售机构的姓名与通信地址；

（2）制造、供应、获得或预订的产品的数量及为相关产品或服务所支付的价格。

4. 在具体个案中主张第 1 款、第 2 款规定的请求权不合比例的,则排除这些请求权。

5. 负提供信息义务的人故意或有重大过失地提供错误或不完全的信息的,负向商标或商业名称的所有人赔偿因此而产生的损害的义务。

6. 已提供了真实信息的人,根据第 1 款或第 2 款本不负此义务,仅当其知道不负提供信息的义务时才对第三人承担责任。

7. 在明显侵权的情形中,可以在《民事诉讼法》第 935~945 条规定的临时处分❶中命令提供信息的义务。

8. 在刑事诉讼或《违反秩序法》规定的程序中,因为在提供信息之前针对负提供信息义务的人或《刑事诉讼法》第 52 条第 1 款所称的家属实施了违法行为的,仅当负提供信息义务的人同意时才能利用其告知的信息。

9. 仅利用交易数据(《通信法》第 3 条第 30 项)才能提供信息的,对于数据的提供需要由受害人请求的关于允许利用数据的事前的法官命令。命令的颁发由负提供信息义务的人的住所、居所或营业所所在地的州法院在不考虑诉讼标的额的情况下专属管辖。由民事庭作出决定。法官命令的费用由受害人承担。对于其程序准用《家庭案件与合意管辖事物程序法》的规定。对州法院的决定不服的,可以提起抗告。必须在两个星期的期限之内提交抗告状。保护与个人相关数据的法律规定在其余

---

❶ 临时处分程序是民事诉讼法中的专门概念,指财产保全、先予执行等。

情况下不受影响。

10. 对电信秘密的基本权利（《基本法》第 10 条）通过第 2 款结合第 9 款而受到限制。

第 19a 条　出示与检查请求权

1. 当为证明请求权成立所必需时，在根据第 14 条、第 15 条及第 17 条而有侵权的充分可能性的情况下，商标或商业名称的所有人可以请求侵害嫌疑人出示证书或检查处于其处分力的物。存在在工商业范围内从事侵权行为的充分可能性的，该请求权也延及于银行、金融或商业文件的出示。以侵害嫌疑人提出涉及秘密信息为限，法院采取必要的措施，以提供在具体个案中所要求的保护。

2. 在具体个案中主张第 1 款规定的请求权不合比例的，则排除这些请求权。

3. 可以在临时处分中根据《民事诉讼法》第 935～945 条命令出示证书或容忍对物的检查的义务。法院采取必要的措施，以保护秘密信息。这特别适用于临时处分未经过相对人事前的听证而予以颁发的情形。

4. 准用第 19 条第 8 款及《民法典》第 811 条。

5. 不存在侵害或侵害危险的，侵害嫌疑人可以请求根据第 1 款请求出示或检查的人赔偿因该请求而产生的损害。

第 19b 条　损害赔偿请求权的保障

1. 在第 14 条第 6 款、第 15 条第 5 款及第 17 条第 2 款第 2 句规定的情形中，当未出示文件而损害赔偿请求权的履行成问题时，商标或商业名称的所有人也可以请求在工商业范围内侵权的侵害人出示处于侵害人处分力的为实现损害赔偿请求权所必需的银行、金融或商业文件或请求适当地了解这些相关文件。以侵害嫌疑人提出涉及秘密信息为限，法院采取必要的措施，以提供在具体个案中所要求的保护。

2. 在具体个案中主张第1款规定的请求权不合比例的，则排除这些请求权。

3. 明显存在损害赔偿请求权的，可以在临时处分中根据《民事诉讼法》第935～945条命令出示第1款所称的证书的义务。法院采取必要的措施，以保护秘密信息。这特别适用于临时处分未经过相对人事前的听证而予以颁发的情形。

4. 准用第19条第8款及《民法典》第811条。

第19c条 公告判决

基于本法提起诉讼的，如果胜诉方对于公告判决存在合法利益，在判决中可以宣判胜诉方由败诉方承担费用公告判决的权限。公告的形式与范围在判决中确定。产生法律效力之后的3个月内未利用该权限的，该权限消灭。第1句意义的公告不是可以暂时执行的。

第19d条 其他法律规定的适用

其他法律规定中的请求权不受影响。

第四章 保护的限制

第 20 条 诉讼时效

对于在第 14～19c 条中所称的请求权的诉讼时效，准用《民法典》第一编第五章的规定。义务人以侵害行为使权利人蒙受损失而自己取得利益的，准用《民法典》第 852 条。

第 21 条 请求权的丧失

1. 以商标或商业名称的所有人在连续 5 年的时间内在知道在在后注册商标所指定的商品或服务上使用在后注册商标的情况下容忍该使用为限，商标或商业名称所有人丧失禁止该使用的权利，但在后商标恶意申请注册的除外。

2. 以商标或商业名称的所有人在连续 5 年的时间内在知道在后的第 4 条第 2 项或第 3 项意义的商标使用、第 13 条意义的商业名称或其他权利使用的情况下容忍该使用为限，商标或商业名称所有人丧失禁止该使用的权利，但这些权利的所有人在取得权利时系恶意的除外。

3. 在第 1 款、第 2 款的情形中在后权利的所有人不得禁止在先权利的使用。

4. 关于请求权丧失的一般原则的适用不受第 1～3 款的影响。

第 22 条 请求权在在后商标之注册的存续力时的排除

1. 撤销在后商标之注册的请求因为下列情形之一而被驳回或本该被驳回的，在先商标或商业名称的所有人丧失禁止在在后注册商标所指定的商品或服务上使用在后注册商标的权利：

（1）在先商标或商业名称在能决定在后商标之注册的时间顺序的日期尚未具有第 9 条第 1 款第 3 项、第 14 条第 2 款第 3 项或第 15 条第 3 款意义的知名度（第 51 条第 3 款）；

（2）在先商标之注册在公布在后商标之注册之日由于失效或绝对保护障碍本该已经被撤销（第 51 条第 4 款）。

2. 在第 1 款的情形中，在后注册商标的所有人不得禁止在先商标或商业名称的使用。

第 23 条 使用姓名与描述性标志，零配件交易

以下述使用不违反善良风俗为限，商标或商业名称的所有人无权禁止第三人在商业交易中：

（1）使用其姓名或通信地址；

（2）使用与商标或商业名称相同或近似的标志作为对商品或服务的特征或特性，特别是如其种类、质量、使用目的、价值、产地来源或生产、提供的时间的描述；

（3）使用商标或商业名称作为对商品特别是附件或零配件或对服务的使用目的的提示，但以该使用为此所必要为限。

第 24 条 用尽

1. 商品由商标或商业名称的所有人已在国内、欧盟的成员国或《欧洲经济区协议》的其他协议国在其商标或商业名称之下销售的,或经商标或商业名称所有人同意而销售的,商标或商业名称的所有人无权禁止第三人在该商品上使用其商标或商业名称。

2. 商标或商业名称的所有人,出于合理原因特别是因为商品的状况在销售之后发生了改变或已变坏,而反对与商品的继续销售相关联的商标或商业名称的使用的,不适用第 1 款。

第 25 条 请求权在缺乏使用时的排除

1. 已注册商标在主张第 14 条及第 18~19c 条意义的请求权之前的最近 5 年之内,未在作为证明请求权成立依据的商品或服务上根据第 26 条进行使用的,只要到此时止该商标已注册至少 5 年,其所有人不得针对第三人主张这些请求权。

2. 因为侵害注册商标而在诉讼中主张第 14 条及第 18~19c 条意义的请求权的,只要到此时止该商标已注册至少 5 年,原告应被告之抗辩必须证明,在提起诉讼之前的最近 5 年之内,在作为证明请求权成立依据的商品或服务上根据第 26 条使用了该商标。未予以使用的 5 年期限在提起诉讼之后结束的,原告应被告之抗辩必须证明,在口头审理结束之前的最近 5 年之内,在作为证明请求权成立依据的商品或服务上根据第 26 条使用了该商标。判决时得仅考虑证明为其进行了使用的商品或服务。

第 26 条 商标的使用

1. 以主张已注册商标上的请求权或维持商标注册取决于已使用该商标为限，该商标必须由其所有人在国内为该商标注册所指定的商品或服务真实地进行了使用，但未使用存在合理理由的除外。

2. 经所有人同意的商标使用视为由所有人进行的使用。

3. 使用与注册中的形式相偏离的商标也视为使用已注册商标，只要该偏离未改变该商标的标志特征。商标以其先前使用的形式注册的，也适用第 1 句。

4. 在国内将商标贴在仅为出口目的的商品上或其装潢、包装上，也视为在国内的使用。

5. 以需要自注册时起的 5 年之内使用为限，在对注册提起异议的情形中，以异议程序结束的时间代替注册时间。

第五章　商标作为财产标的

第 27 条 权利转移

1. 通过商标注册、商标使用或商标的驰名而产生的权利可以针对享有商标保护的商品或服务的全部或一部分而让与或转移于他人。

2. 商标属于企业或企业的一部分的，则有疑义时通过商标注册、商标使用或商标的驰名而产生的权利列入其所属的企业或企业一部分的让与或转移。

3. 当向专利局证明了通过商标注册而产生的权利的转移时，依一方当事人的请求应将该权利的转移登记于注册簿。

4. 权利转移仅涉及商标注册所指定的商品或服务的一部分的，准用除第46条第2款及第3款第1句、第2句之外的关于注册分案的规定。

第28条 权利所有人推定，送达所有人

1. 通过商标注册产生的权利推定归在注册簿中作为所有人登记的人所有。

2. 通过商标注册产生的权利让与或转移于他人的，权利继受人在专利局程序、专利法院❶的抗告程序或联

---

❶ 本法中专利法院的全称是"联邦专利法院"。联邦专利法院是德国工业产权保护领域的联邦专门法院。但是，与联邦劳动法院、联邦社会法院及联邦财税法院等其他联邦专门法院不同，联邦专利法院被列入普通法院管辖体系。在序列上，联邦专利法院相当于州高等法院，对其裁判不服的，可以向联邦最高法院提起上诉。另一方面，联邦专利法院因为其职权主义的程序特征，又与行政法院程序相似，与民事诉讼存在很大区别，只有在《商标法》《专利法》《实用新型法》及《外观设计法》等没有排除的情况下，才能适用《民事诉讼法》的相关规定。例如，与民事诉讼中的当事人举证原则不同，联邦专利法院不受限于当事人的举证请求及举证，可以依职权查证。联邦专利法院设抗告庭与无效庭两大类审判庭，其中抗告庭负责对德国专利与商标局作出的决定所提出的抗告进行裁判，而无效庭负责对请求宣告专利无效之诉与强制许可程序中的诉讼进行裁判。目前联邦专利法院共有29个审判庭，其中抗告庭25个（13个技术抗告庭负责专利事务，9个商标抗告庭，实用新型、法律及品种保护抗告庭各1个），无效庭4个。

邦最高法院的法律抗告程序中直至自登记权利转移之请求到达专利局时起，才能主张请求保护商标的权利及通过商标注册产生的权利。第1句准用于商标所有人参加的专利局其他程序、专利法院的抗告程序或联邦最高法院的法律抗告程序。权利继受人根据第1句或第2句在程序中接替前所有人的，不需要其他的程序参加人的同意。

3. 专利局的需要送达商标所有人的命令与决定，送达于作为所有人登记的人。登记权利转移之请求到达专利局的，第1句所称的命令与决定也送达于权利继受人。

第29条 物权，强制执行，破产程序

1. 通过商标注册、商标使用或商标的驰名而产生的权利：

（1）可以被设定质权或是其他物权的标的；

（2）可以是强制执行措施的标的。

2. 第1款第1项所称的权利或第1款第2项所称的措施涉及通过商标注册而产生的权利的，在向专利局证实该权利或措施之后，依一方当事人的请求应将在第1款第1项中所称的权利或在第1款第2项中所称的措施登记于注册簿。

3. 通过商标注册而产生的权利列入破产程序的，则依破产管理人或破产法院的请求应登记于注册簿。在自己管理（《破产法》第270条）的情形中，以管理人代替破产管理人。

第 30 条 许可

1. 通过商标注册、商标使用或商标的驰名而产生的权利，针对享有商标保护的商品或服务的全部或一部分，可以作为在德意志联邦共和国的全部或部分区域内的独占或非独占许可的标的。

2. 被许可人在下列方面之一违反了许可合同的规定的，商标所有人可以对其主张因商标而产生的权利：

（1）许可的期限；

（2）可以使用商标的、注册簿所包含的形状；

（3）授予许可的商品或服务的种类；

（4）可以粘贴商标的区域；

（5）被许可人生产的商品或提供的服务的质量。

3. 被许可人仅在商标所有人同意时才可以因为商标侵害而提起诉讼。

4. 任何被许可人可以参与由商标所有人提起的侵权诉讼，以对其损害主张赔偿。

5. 根据第 27 条的权利转移或根据第 1 款授予的许可不影响此前已授予第三人的许可。

第 31 条 已提出注册申请的商标

第 27～30 条准用于由于商标注册申请而产生的权利。

第三部分　商标事务中的程序

第一章　注册程序

第32条　申请之要件

1. 为在注册簿中注册商标，应向专利局递交申请。也可以通过联邦司法部在《联邦法律公报》的公告中确定的可以接受商标申请的专利信息中心递交申请。

2. 申请书必须包含：
(1) 使能确定申请人身份的说明；
(2) 商标的再现件❶；
(3) 申请注册所指定的商品或服务的目录。

3. 申请必须符合根据第65条第1款第2项制定的行政法规规定的其他申请要件。

4.（已废除）

第33条　申请日，注册请求权，公布申请

1. 包含第32条第2款规定的说明的材料到达下列机构的日期为商标的申请日：

---

❶ 商标的再现件，一般指商标的复制件，在我国《商标法实施条例》中指商标图样。但在德国《商标法》中，听觉标志也可作为商标注册，而其不能通过复制件或图标再现。

（1）专利局；

（2）或联邦司法部在《联邦法律公报》的公告中确定的可以接受商标注册申请的专利信息中心。

2. 确定了申请日的商标申请产生注册请求权。除未满足申请要件或绝对的注册障碍❶阻碍注册之外，必须准予注册。

3. 确定了申请日的商标申请，包括能确定申请人身份的说明在内，得予以公布❷。

第 34 条　外国优先权

1. 根据国际条约的规定要求前外国申请的优先权，但对于服务也可以要求《巴黎公约》规定的优先权❸。

2. 前申请系在未参与承认优先权的国际条约的国家递交的，以根据联邦司法部在《联邦法律公报》上的公告该其他国家基于在专利局的前申请而授予了条件与内容方面与《巴黎公约》规定的优先权可比较的优先权为限，申请人可以要求与《巴黎公约》规定的优先权相当的优先权；适用第 1 款。

---

❶　绝对的注册障碍包括不满足第 3 条规定的商标的构成条件、存在第 8 条规定的绝对保护障碍及第 10 条规定的在先驰名商标。

❷　这是 1998 年在《商标法》中增加的规定。1998 年之前只公布商标注册，而不公布商标申请。

❸　目前，德国参加的规定了外国优先权的国际条约有《巴黎公约》、TRIPS（自 1997 年起，德国根据 TRIPS 第 2 条第 1 款授予所有世界贸易组织成员享有《巴黎公约》（第 4 条）规定的外国优先权）、《马德里商标协定》及《马德里商标协定议定书》。由于《巴黎公约》只规定了商品商标，所以第 34 条第 1 款还规定，《巴黎公约》规定的外国优先权也适用于服务商标。

3. 根据第 1 款或第 2 款要求优先权的,必须在申请日之后的 2 个月内告知前申请的时间与国家。申请人已告知的,专利局要求其在送达要求之后的 2 个月内告知前申请的申请号及提交前申请的副本。在该期限内可以更改告知。未及时作出告知的,丧失对该申请的优先权要求。

第 35 条 展览优先权

1. 商标申请人在已提出申请的商标之下在下列展览会之一展出商品或服务的,当其在自首次在已提出申请的商标之下展出商品或服务起的 6 个月期限内递交申请时,从该日开始其可以主张第 34 条意义上的优先权:

(1) 在官方或官方承认的、1928 年 11 月 22 日在巴黎签署的《国际展览公约》意义上的展览会上;

(2) 在其他国内或外国展览会上。

2. 第 1 款第 1 项所称的展览会由联邦司法部在《联邦法律公报》予以公告。

3. 第 1 款第 2 项意义上的展览会在具体情况中由联邦司法部在《联邦法律公报》关于展览会之保护的公告中确定。

4. 主张第 1 款规定的优先权的,应在申请日之后的 2 个月内说明首次展出的日期与展览会。申请人已说明的,专利局要求其在送达要求之后的 2 个月内提交在已提出申请的商标之下展出商品或服务的证明。未及时提交证明的,丧失对该申请的优先权要求。

5. 第 1 款规定的展览优先权不延长第 34 条规定的

优先权期限❶。

第36条 对申请之要件的审查

1. 专利局审查：

（1）商标申请是否满足为根据第33条第1款确认申请日而所必需的要件；

（2）申请是否符合其他的申请要件；

（3）是否已经以充分的数额缴纳了费用；

（4）申请人根据第7条是否能够为商标所有人。

2. 根据第1款第1项所确定的缺陷未在专利局确定的期限内消除的，视为撤回申请。申请人满足了专利局的要求的，专利局确认消除确定的缺陷之日为申请日。

3. 在由专利局确定的期限内，未或未以充分的数额补缴类别费或申请人没有确定已缴纳的费用对应于哪些商品或服务类别的，则首先考虑主导类别然后根据分类顺序考虑其余类别。在其余情况下申请视为被撤回。

4. 在由专利局确定的期限内未消除其他缺陷的，专利局驳回申请。

5. 申请人根据第7条不能作为商标所有人的，专利局驳回申请。

第37条 绝对保护障碍之审查

1. 商标根据第3条、第8条或第10条不得注册的，驳回申请。

---

❶ 这意味着不得累计展览优先权与外国优先权，即不得先主张其中一种优先权，后来再主张另一种优先权，从而实质上延长了优先权的期限。二者只能选择主张。

2. 审查表明，商标虽然在申请日（第33条第1款）满足第8条第2款第1项、第2项或第3项的条件，但是在申请日之后保护障碍消除，且申请人声明同意不管原来的申请日及根据第34条或第35条要求的优先权，并同意保护障碍消除之日视为申请日及能决定第6条第2款意义的时间顺序的确定的，不驳回申请❶。

3. 仅当欺骗的可能性或恶意明显时，才根据第8条第2款第4项或第10项驳回申请。

4. 仅当在先商标的驰名为专利局所知且存在第9条第1款第1项或第2项的其他条件时，才根据第10条驳回申请。

5. 商标仅对于申请所指定的一部分商品或服务而不得注册的，准用第1～4款。

---

❶ 专利局在根据第1款审查是否存绝对保护障碍时，原则上是根据对申请决定是否予以注册的时间而不是根据申请的时间判断。如果在申请时存在绝对保护障碍，但随着注册程序的推进而在决定是否以注册时绝对保护障碍消除的，则应予以注册，且决定注册商标时间顺序的不是障碍消除之日，而是申请日。而第2款规定是对这一原则的例外。根据《商标法》第8条第2款第1～3项，缺乏具体区别力（第1项）、仅仅由描述性标志（第2项）或通用标志（第3项）组成的商标，不得注册。而第8条第3款规定，这些障碍可以因为商标在作出注册决定之前由于其使用而在参与商业交易的群体范围内作为申请所指定的商品或服务的区别标志而被消除。发生这一情况的，专利局应要求申请人作出同意不管原来的申请日及根据第34条或第35条要求的优先权，保护障碍消除之日视为申请日的声明。申请人未作出这一声明的，专利局驳回申请。作出了同意声明的，专利局不驳回申请。但是，保护障碍消除之日视为申请日，即为拟制的申请日，只是对第6条规定的决定注册商标的时间顺序具有效力。在其他情况下，例如注册商标期限的起算，仍然适用实际上的申请日。

第 38 条　加速审查
依申请人的请求，加速根据第 36 条、第 37 条进行的审查。

第 39 条　撤回，申请的限制与更正
1. 申请人可以随时撤回申请或限制在申请书中包含的商品或服务目录。
2. 依申请人的请求，为更正语言、书写或其他明显错误可以修改申请书的内容。

第 40 条　申请的分案
1. 申请人可以声明，商标申请对于在分案声明中所列的商品或服务作为被分案的申请继续处理，从而对申请予以分案。对每个分案申请保留原申请的时间顺序。
2. 为被分案的申请必须根据第 32 条递交必要的申请文件。分案声明到达后的 3 个月内未递交申请文件或在该期限内未根据《专利费用法》为分案程序缴纳费用的，视为撤回被分案的申请。分案声明不可撤回。

第 41 条　注册
申请符合申请要求且未根据第 37 条被驳回的，将已提出申请的商标注册于注册簿。注册应予以公布。

第 42 条　异议
1. 自根据第 41 条公布商标注册之日起的 3 个月内，在先商标或商业名称的所有人可以对商标注册提起异议。
2. 仅可基于商标因下列原因之一应予以撤销而提起异议：

(1) 因为已提出申请或已注册的在先商标而根据第9条；

(2) 因为在先驰名商标而根据第10条结合第9条；

(3) 因为以商标所有人的代理人或代表人的名义注册而根据第11条；

(4) 因为在先未注册商标而根据第4条第2项结合第12条或因为在先商业名称而根据第5条结合第12条。

3. （已废除）

第43条 缺乏使用之抗辩，异议裁定

1. 在先注册商标的所有人提起异议时，相对人质疑在先商标的使用的，在先商标的所有人必须证明，在公布异议所指向的商标注册之前的最近5年内，根据第26条使用了该商标，只要到此时止该商标已注册至少5年。未予以使用的5年期限在公布注册之后结束，相对人质疑在先商标的使用的，异议人必须证明，在异议裁定之前的最近5年之内，根据第26条使用了该商标。裁定时得仅考虑证明为其进行了使用的商品或服务。

2. 异议审查表明，商标对于商标注册所指定的商品或服务的全部或部分应予以撤销的，全部或部分地撤销注册。不可以撤销商标注册的，驳回异议。

3. 已注册商标因为一个或多个在先商标而应予以撤销的，至对该商标注册作出具有法律效力的裁定为止，可以中断其余异议程序。

4. 在第2款规定的撤销的情形中，准用第52条第2款、第3款。

第 44 条 同意注册之诉。

1. 商标所有人可以在诉讼中针对异议人主张，不管根据第 43 条的注册之撤销其仍享有注册请求权。

2. 应在对撤销注册的裁定不得声明不服之后的 6 个月内提起第 1 款规定的诉讼。

3. 在保持注册的时间顺序的情况下，基于有利于商标所有人的判决而注册。

第二章　更正，分案，保护期限及续展

第 45 条 注册簿与注册公布的更正

1. 依申请人的请求或依职权，为更正语言、书写或其他明显错误可以修改注册簿中的注册。

2. 第 1 款准用于注册公布的更正。

第 46 条 注册的分案

1. 已注册商标的所有人可以声明，对于在分案声明中所列的商品或服务商标注册作为被分案的注册继续存在，从而对注册予以分案。对每个分案注册保留原注册的日期。

2. 直到提起异议的期限届满之后才可以声明分案。只有在作出分案声明时尚未审结的针对商标注册所提起的异议或请求撤销商标注册的诉讼如果在分案之后只针对原注册的某一部分时，分案声明才是合法的。

3. 为被分案的注册必须递交必要的文件。分案声明到达后的 3 个月内未递交文件或在该期限内未根据《专利费用法》为分案程序缴纳费用的，视为放弃被分案的注册。分案声明不可撤回。

第 47 条　保护期限与续展

1. 注册商标的保护期限自申请日（第 33 条第 1 款）起算，至 10 年之后的与申请日所在月份相一致的月份的最后一日结束。

2. 保护期限每次可以续展 10 年。

3. 通过缴纳续展费，为超过商品与服务分类中的三类商品与服务续展时通过为每一额外超过的类别缴纳类别费，续展保护期限。

4. 费用仅涉及商标注册所指定的商品或服务的一部分的，仅为该部分商品或服务续展保护期限。仅仅未缴纳所必要的类别费的，以未适用第 1 句为限，仅为所缴纳的费用能足够的类别续展。存在主导类别的，首先考虑主导类别。其余根据分类顺序考虑各类别。

5. 保护期限的续展在保护期限届满之后的日期生效。其应登记于注册簿并予以公布。

6. 未续展保护期限的，注销商标注册，自保护期限届满发生效力。

第三章 放弃、失效及无效，撤销程序

第 48 条 放弃

1. 依商标所有人的请求，可以随时针对商标注册所指定的商品或服务的全部或部分在注册簿中注销。

2. 有人在注册簿中被登记为对商标享有权利的人的，仅经该人同意时才可以注销。

第 49 条 失效

1. 商标在注册日之后的连续 5 年的期限之内未根据第 26 条予以使用的，商标注册可以依请求因失效而撤销。在该期限结束之后提起撤销请求之前开始根据第 26 条使用或重新使用商标的，不可以主张商标失效。在紧接着连续 5 年的未使用期限届满之后、提起撤销请求之前的 3 个月内使用或重新使用商标的，以商标所有人知道可能提起撤销请求之后才为首次或重新使用作准备为限，不考虑该使用。撤销之请求是根据第 53 条第 1 款向专利局提起的，在送达第 53 条第 4 款规定的通知之后的 3 个月内根据第 55 条第 1 款提起撤销之诉时，对于根据第 3 句计算 3 个月的期限向专利局提起的请求是决定性的。

2. 下列情形中依请求因失效而撤销商标注册：

（1）商标由于其所有人采取的行动或没有采取行动

而在商业交易中成为其注册所指定的商品或服务的通用标志；

（2）商标由于其所有人或经其所有人同意的使用而针对其注册所指定的商品或服务，特别是关于这些商品或服务的性质、质量或产地来源方面，足以欺骗公众；

（3）商标所有人不再满足第7条中所称的条件。

3. 仅对于商标注册所指定的商品或服务的一部分存在失效原因的，仅针对该部分商品或服务撤销注册。

第50条 因绝对保护障碍而无效

1. 违反第3条、第7条或第8条而商标注册的，商标注册因无效依请求而撤销。

2. 违反第3条、第7条或第8条第2款第1～9项而商标注册的，只有保护障碍在就撤销请求作出决定时也还存在，才撤销注册。违反第8条第2款第1～3项而商标注册的，此外只有自注册之日起的10年之内提起了撤销之请求时，才撤销注册。

3. 违反第8条第2款第4～10项而商标注册且符合下列条件时，可以依职权撤销商标注册：

（1）撤销程序自注册日起的2年期限内发动；

（2）根据8条第2款第4～9项的保护障碍在就撤销请求作出决定时也还存在；

（3）明显地违反上述规定而注册。

4. 仅对于商标注册所指定的商品或服务的一部分存在无效原因的，仅针对该部分商品或服务撤销注册。

第 51 条　因存在在先权利而无效

1. 第 9~13 条意义的在先权利阻碍商标注册的,商标注册依诉讼❶因无效而撤销。

2. 以在先商标的所有人在连续 5 年的期限内知道且容忍在后商标在其注册所指定的商品或服务上使用为限,不可以因为在先商标注册而撤销该注册,但在后商标的申请系恶意的除外。这同样适用于对第 4 条第 2 项意义的通过使用获得的商标、对第 4 条第 3 项意义的驰名商标、对第 5 条意义的商业名称或对第 13 条第 2 款第 4 项意义的品种名称享有权利的所有人。此外,第 9~13 条所称的在先权利的所有人在提起撤销请求之前同意商标注册的,不可以撤销该商标注册。

3. 知名商标或商业名称在能决定在后商标注册的时间顺序之日还没有第 9 条第 1 款第 3 项、第 14 条第 2 款第 3 项或第 15 条第 3 款意义的知名度时,不可以因为在先知名商标或商业名称而撤销该注册。

4. 在先商标注册在公布在后商标注册之日因下列原因之一本应该已撤销的,不可以因为在先商标注册而撤销注册:

(1) 因为失效而根据第 49 条;

(2) 因为绝对保护障碍而根据第 50 条。

---

❶　出现第 50 条第 1 款规定的情形,可以向德国专利与商标局请求撤销商标。出现第 50 条第 3 款规定的情形的,德国专利与商标局可以依职权主动撤销。而出现第 51 条第 1 款规定的情形的,只能通过向法院提起诉讼来撤销商标。

5. 仅对于商标注册所指定的商品或服务的一部分存在无效原因的，仅针对该部分商品或服务撤销注册。

第 52 条　因为失效或无效而撤销的效力

1. 商标注册的效力在注册因为失效而撤销的范围内视为自提起撤销的诉讼时起即不存在。在判决中依一方当事人的请求可以确定失效原因之一发生的时间为更早时间。

2. 商标注册的效力在注册因为无效而撤销的范围内视为自一开始即不存在。

3. 除关于由于商标所有人的过失或故意行为而引起的损害赔偿及不当得利的规定外，商标注册的撤销不影响：

（1）在就撤销之请求作出裁判之前具有法律效力且已执行的侵权诉讼中的判决；

（2）在就撤销之请求作出裁判之前签订的合同，但以作出裁判之前其已履行为限。但基于公平原则可以请求返还合同履行中所支付的、视具体情形而为合理的金额。

第 53 条　因为失效而由专利局撤销

1. 无损根据第 55 条通过诉讼主张因为失效而撤销之请求（第 49 条）的权利，该请求可以向专利局提起。

2. 专利局将该请求通知注册商标的所有人并要求其告知专利局，其是否反对撤销。

3. 注册商标的所有人在送达通知之后的 2 个月内未反对撤销的，撤销注册。

4. 注册商标的所有人反对撤销的，专利局将其通知请求人并告知其应根据第 55 条通过诉讼主张撤销之请求。

第 54 条 专利局因为绝对保护障碍而撤销的程序

1. 因为绝对保护障碍而撤销之请求（第 50 条）应向专利局提起。该请求可由任何人提起。

2. 提起撤销之请求或撤销程序依职权而发动的，专利局将其通知注册商标的所有人。注册商标的所有人在送达通知之后的 2 个月内未反对撤销的，撤销注册。注册商标的所有人反对撤销的，进入撤销程序。

第 55 条 普通法院❶的撤销之诉

1. 因为失效（第 49 条）或存在在先权利（第 51 条）而请求撤销之诉应针对作为商标所有人而登记的人或其权利继受人提起。

2. 在下列情形中下列人有权提起诉讼：

（1）在因失效而请求撤销的情形中任何人；

（2）在因存在在先权利而请求撤销的情形中第 9～13 条所列权利的所有人；

（3）在因存在在先产地来源标志（第 13 条第 2 款第 5 项）而请求撤销的情形中根据《反不正当竞争法》第 8

---

❶ 普通法院是指具有审理民事、刑事案件的普通管辖权的法院。区法院（Amtsgericht）、州法院（Landgericht）、州高等法院（Oberlandesgericht）组成地方各级普通法院。联邦最高法院（Bundesgerichtshof）是具有审理民事、刑事案件的普通管辖权的级别最高的联邦法院，是联邦的普通法院，与联邦专利法院、联邦劳动法院、联邦社会法院及联邦财税法院等专门法院相对应。

条第 3 款有权主张请求权的人。

3. 在先注册商标的所有人提起请求撤销之诉的,只要到此时止该商标已注册至少 5 年,其应被告之抗辩必须证明,在提起诉讼之前的最近 5 年之内根据第 26 条使用了该商标。未予以使用的 5 年期限在提起诉讼之后结束的,原告应被告之抗辩必须证明,在口头审理结束之前的最近 5 年之内根据第 26 条使用了该商标。此外,在先商标在公布在后商标注册之日已注册至少 5 年的,原告应被告之抗辩必须证明,在先商标注册在该日未根据第 49 条而应该已撤销。判决时应仅考虑证明为其进行了使用的商品或服务。❶

4. 通过商标注册而产生的权利在提起诉讼之前或之后已转让或转移于他人的,判决根据案件本身也对于权利继受人有效并可执行。对于权利继受人参加法律争议案件的权限,准用《民事诉讼法》第 66～74 条及第 76 条。

第四章　关于专利局程序的一般规定

第 56 条　*专利局内的管辖*

1. 为执行商标事务中的程序,专利局设立商标处与

---

❶ 商标注册时必须指定所使用的商品或服务。如果只证明了在所指定的商品或服务中的一部分使用了商标,不能证明在其他部分商品或服务上也使用了商标,则对未证明的商品或服务的商标应予以撤销。

商标部。

2. 对于已提出申请的商标的审查及注册程序中的决定的作出，由商标处管辖。商标处的任务由一名专利局成员（审查员）承担。也可以由一名高级级别的公务员或一名相对应的职员承担任务。但高级级别的公务员及相对应的职员无权命令宣誓性地作证、接受宣誓或根据第 95 条第 2 款向专利法院提起请求。

3. 对于不由商标处管辖的事务，由商标部管辖。商标部的任务由至少 3 名专利局成员的承担。除根据第 54 条关于撤销商标作出决定外，商标部的负责人可以单独处理所有由商标部管辖的事务或将事务移交给商标部的一名成员处理。

第 57 条　依法回避与申请回避

1. 对于审查员、商标部的成员及被委托承担商标处或商标部职责事务的高级、中级级别公务员及职员的依法回避与申请回避，准用《民事诉讼法》第 41～44 条、第 45 条第 2 款第 2 句及第 47～49 条关于法院人员的依法回避与申请回避的规定。

2. 以需要作出决定为限，由商标部对申请回避作出决定。

第 58 条　鉴定

1. 在诉讼程序中存在数名专家的相互不同的鉴定时，依法院或检察机关针对涉及已提出申请或已注册商标问题的委托，专利局有义务作出鉴定。

2. 除此之外，无联邦司法部部长的同意，专利局无权在法定职务范围之外作出决定或鉴定。

第 59 条　调查案件事实，法律听证

1. 专利局依职权调查案件事实。其不受参与人的举证及举证请求约束。

2. 专利局作出的决定应该以还未通知商标申请人、所有人或其他的程序参与人的情况为基础的，应先给其在一定的期限内陈述意见的机会。

第 60 条　调查，听证，笔录

1. 专利局可以随时传唤参与人并听证，经宣誓或未宣誓询问证人、鉴定人及参与人，并进行为查清案件而所必要的其他的查证活动。

2. 至作出决定并结束程序为止，在有助于查清案件时，应依请求听取商标申请人、所有人或其他的程序参与人的陈述。专利局认为听证无助于查证的，专利局驳回请求。对驳回请求的决定不得单独地声明不服。

3. 关于听证与询问，应作成描述活动的主要过程并包含参与人有重要法律意义声明的笔录。准用《民事诉讼法》第 160a 条、第 162 条、第 163 条。参与人应获得笔录的副本。

第 61 条　决定，告知法律救济

1. 专利局的决定即使根据第 2 句已宣告，也必须对其说明理由、出具书面文本并依职权送达参与人。举行了听证的，在听证结束时也可以宣告决定。仅商标申请人、所有人参与程序且其请求获得了同意的，不需要说明理由。

2. 书面文本必须附告知参与人关于对决定提起法律救济、受理法律救济的机关、法律救济期限及为法律救济需要根据《专利费用法》缴纳费用时关于该费用的说明。只有书面告知参与人时，法律救济期限才开始起算。未告知或未正确告知的，仅在自送达决定起的1年内可以提起法律救济，但书面告知不得提起法律救济的除外。准用第91条。第1～4句准用于第64条规定的抗议之法律救济。

第62条 *卷宗的查阅，注册簿的查阅*

1. 证明了合法利益的，专利局依请求允许查阅商标申请的卷宗。

2. 商标注册之后依请求允许查阅已注册商标的卷宗。

3. 任何人可以任意查阅注册簿。

第63条 *程序费用*

1. 多人参与程序的，在合乎公平要求时，专利局可以在决定中确定，包含专利局的垫付款及参与人产生的为维护请求权与权利目的所必要的费用在内的程序费用，由一参与人全部或部分地负担。参与人完全或部分地撤回抗议、商标申请、异议或撤销之请求，或商标注册因放弃或未续展保护期限而完全或部分地在注册簿中被注销的，也可以作出该确定。以对费用未作出确定为限，每个参与人自己承担其产生的费用。

2. 专利局可以命令，在符合公平原则时，完全或部分地退还根据《专利费用法》为加速审查、为异议程序或为撤销程序缴纳的费用。

3. 需要偿付❶的费用的总额依请求由专利局确定。准用《民事诉讼法》关于费用确定程序（第103～107条）及根据费用确定决定所为的强制执行（第724～802条）的规定。以对费用确定决定提起抗告代替抗议。在2个星期之内提交抗告状的情况下适用第66条。由专利法院书记处的书记官发给可执行的文本。

第64条 抗议

1. 对由高级级别的公务员或相对应的职员颁发的商标处及商标部的决定，可以提起抗议。抗议具有停止执行的效力。

2. 抗议状应在送达之后的1个月内向专利局提交。

3. 其决定被声明不服的公务员或职员认为抗议有理由的，应消除抗议原因。另一参与程序的人为抗议人的相对方的，不适用该规定。

4. 专利局的一名成员通过决定对抗议作出裁判。

5. 商标处或商标部可以命令，全部或部分地退还根据《专利费用法》缴纳❷的抗议费。

6. 代替抗议状，可以根据第66条提交抗告状。在多人参与的程序中，一参与人对决定提交了抗议状而另

---

❶ 此处不使用"缴纳"，是因为这个费用不是给专利局。而是指这样的情况：多个参与人首先都已经支出了各自的费用，在最后专利局确定某一个参与人承担费用时，该参与人应偿付其他参与人已支出的费用。"偿付"与"缴纳"在德语里是两个不同的词。

❷ 这里是退还已经向专利局"缴纳"的抗议费。因为是向专利局提起抗议，需要先缴纳费用。

一参与人对决定提交了抗告状的,抗议人同样可以提交抗告状。抗议人在其他参与人根据第66条第4款第2句送达抗告状之后的1个月内未提交抗告状的,视为撤回其抗议。

7. 根据第6款第2句或第66条第3款提交抗告状之后,不得再对抗议作出裁判。在此之后仍然对抗议作出的裁判是无根据的。

第64a条 专利局程序中的费用规则

在专利局程序中对于费用适用《专利费用法》。

第65条 行政法规授权

1. 授权联邦司法部通过无需联邦议会同意的行政法规:

(1) 规定商标事务程序的组织机构、业务手续及形式,但以法律未对此作出规定为限;

(2) 规定对商标申请的其他要求;

(3) 确定商品与服务的分类;

(4) 对审查、异议及撤销程序作出详细规定;

(5) 作出关于已注册商标的注册簿的规定及如有必要作出关于集体商标的注册簿的专门规定;

(6) 规定在注册簿中必须记载的关于已注册商标的信息并确定这些信息公布的范围、种类及方式;

(7) 作出关于本法中规定的其他专利局程序的规定,特别是如申请与注册的分案程序、提供信息或证书程序、重新恢复程序、卷宗查阅程序、国际注册商标保护程序及共同体商标的转换程序;

（8）作出关于商标事务中包含通过电子数据传送请求及陈述意见在内的提交请求及陈述意见的形式的规定；

（9）以法律未规定特定形式为限，作出关于商标事务中包含电子数据传送在内的向参与人传达决定、答复或其他通知，请求及陈述意见在内的形式的规定；

（10）作出关于商标事务中在什么情形中及在何种条件下对于意见陈述及文件使用德语之外的语言的规定；

（11）将商标部的依其种类不具有特别法律困难的职责委托给高级级别公务员或相对应的职员，但作出商标撤销决定（第48条第1款、第53条及第54条）、作出鉴定（第58条第1款）及拒绝作出鉴定的决定除外；

（12）将商标处或商标部的依其种类不具有特别法律困难的、除对申请或异议作出决定之外的职责委托给中级级别公务员或相对应的职员；

（13）规定在根据第33条第3款所进行的公布中必须记载的信息并确定这些信息公布的范围、种类及方式。

2. 联邦司法部可以通过无需联邦议会的同意的行政法规将第1款规定的颁发行政法规的授权全部或部分地移交给专利局。

第五章　专利法院程序

第 66 条　抗告❶

1. 不影响第 64 条的规定，对商标处与商标部作出的决定可以向专利法院提起抗告。参与专利局程序的人有权抗告。抗告具有停止执行的效力。

2. 抗告状应在送达决定之后的 1 个月内向专利局以书面形式提交。

3. 对根据第 64 条提起的抗议在提交抗议状之后的 6 个月内未作出裁判，抗议人在该期限届满之后请求裁判，且当该请求到达之后的 2 个月内未对抗议作出裁判时，可偏离于第 1 款第 1 句的规定而对商标处或商标部作出的决定直接提起抗告。在抗议程序中另一参与程序的人为抗议人的相对方的，适用第 1 句的规定，但以 10 个月

---

❶ 根据德国《民事诉讼法》，上诉（Rechtsmittel）包括控诉（Berufung）、上告（Revision）及抗告（Beschwerde）三种形式：对在第一审中所作的判决，可以提起控诉（第 511 条以下）；对在控诉审中所作的判决，可以提起上告（第 542 条以下）；而抗告又分为即时抗告（sofortige Beschwerde）与法律抗告（Rechtsbeschwerde），其中对区法院与州法院在第一审中所作的裁判可以提起即时抗告（第 567 条），在法律明确规定可以对裁定提起法律抗告或抗告法院、控诉法院或在第一审中州高等法院在裁定中准许提起法律抗告的，可以对裁定提起法律抗告（第 574 条）。而在商标法中，专利法院在抗告案件中为二审法院，负责对德国专利与商标局的商标处与商标部作出的决定进行审查，对这些决定不服的，可以向专利法院提起抗告。

的期限代替提交抗议状之后的 6 个月的期限。另一参与程序的人同样提起抗议的，根据第 2 句提起抗告需经另一参与程序的人的允许。随抗告状附具书面允许声明。在根据第 4 款第 2 句送达抗告状之后的 1 个月期限内另一参与程序的人未同样提起抗告的，视为撤回其抗议。程序中止或依另一参与程序的人的申请或基于强行规定对该另一参与程序的人规定了一个期限时，第 1 句、第 2 句规定的期限中止。第 1 句、第 2 句规定的期限的剩余部分在程序中止状况结束或所规定的期限届满之后开始进行。在对抗议作出裁判之后，不可再根据第 1 句、第 2 句提起抗告。

4. 对于抗告状与所有书状应附为送达给其他参与人的副本。抗告状与所有包含了诉讼请求、撤回抗告声明或一项请求声明的书状必须依职权送达其他参与人。以未命令送达为限，其他书状以非要式方式通知参与人。

5. 其决定被声明不服的商标处或商标部认为抗告有理由的，应消除抗告原因。另一参与程序的人为抗告人的相对方的，不适用该规定。商标处或商标部可以命令，退还根据《专利费用法》缴纳的抗告费。未根据第 1 句消除抗告原因的，商标处或商标部应在 1 个月届满之前在未发表实质意见的情况下将抗告状提交专利法院。在第 2 句的情形中，应不迟延地将抗告状提交专利法院。

第 67 条　抗告庭，审理公开

1. 由三名精通法律的成员组成的抗告庭对第 66 条意义的抗告予以裁判。

2. 以已公布注册为限，对商标处与商标部作出的决定所提起的抗告进行的审理，包括裁判的宣告在内，应予以公开。

3. 除适用下列特别规定外，准用《法院组织法》第172～175条：

（1）依参与人的请求，公开审理有危及到请求人有保护必要的利益之虞时，也可以排除公开审理；

（2）至公布注册为止，不得公开宣告裁判。

第68条 专利局局长的参与

1. 专利局局长为维护公共利益而认为适当时，在抗告程序中可以向专利法院提出书面声明、在审理日期列席并详细陈述。专利局局长的书面声明应由专利法院通知参与人。

2. 专利法院因为具有原则意义的法律问题而认为适当时，可以请专利局局长加入抗告程序。在加入之声明到达时，专利局局长取得参与人地位。

第69条 口头审理

存在下列情形之一时，举行口头审理：

（1）参与人之一请求口头审理的；

（2）向专利法院举证（第74条第1款）；

（3）专利法院认为口头审理有利于诉讼的。

第70条 对抗告的裁判

1. 通过裁定对抗告作出裁判。

2. 以抗告不合法而予以驳回的裁定，可以未经口头审理而作出。

3. 存在下列情形之一时，专利法院可以自己不对案件进行裁判而撤销被声明不服的决定：

（1）专利局还没有对案件本身作出决定；

（2）专利局程序存在重大缺陷的；

（3）出现对作出决定显属重要的新事实或证据。

4. 专利局应以根据第3款作为撤销的基础的法律判断也作为其决定的基础。

第71条 抗告程序费用

1. 多人参与程序的，在合乎公平要求时，专利法院可以确定由一参与人全部或部分地负担包含参与人产生的为维护请求权与权利目的所必要的费用在内的程序费用。以对费用未作出确定为限，每个参与人自己承担其产生的费用。

2. 仅当专利局局长在加入程序之后提出了请求的，才可以由其负担费用。

3. 专利法院可以命令，根据《专利费用法》退还抗告费。

4. 参与人完全或部分地撤回抗告、商标申请、异议或撤销之请求，或商标注册因放弃或未续展保护期限而完全或部分地在注册簿中被注销的，也适用第1～3款。

5. 此外，准用《民事诉讼法》关于费用确定程序（第103～107条）与根据费用确定决定所为的强制执行（第724～802条）的规定。

第72条 依法回避与申请回避

1. 对于法院人员的依法回避与申请回避，准用《民事诉讼法》第 41～44 条及第 47～49 条。

2. 曾参与先前的专利局程序的人员，也不得执行法官职务。

3. 对于申请法官回避，由被申请回避的法官所属的审判庭裁判。该审判庭因为被申请回避人员不能执行职务而不能裁判时，由其他抗告庭裁判。

4. 对于申请书记官回避，由案件属其职务范围的审判庭裁判。

第 73 条　调查案件事实，口头审理准备

1. 专利法院依职权调查案件事实。其不受参与人的举证及举证请求约束。

2. 审判长或其将指定的成员必须已经在口头审理之前，或未举行口头审理的在专利法院裁判之前，发出为尽可能地在口头审理或会议中审结案件所必要的命令。此外，准用《民事诉讼法》第 273 条第 2 款、第 3 款第 1 句及第 4 款第 1 句。

第 74 条　举证

1. 专利法院在口头审理中提出证据❶。其特别可以进行勘验，询问证人、鉴定人及参与人，以及调阅文件。

2. 在适当的情形中，专利法院可以在口头审理之前通过其成员之一作为受命法官提出证据或在标明单个证据问题的情况下委托其他法院调查证据。

---

❶ 专利法院不同于审理民事案件的法院，根据第 73 条第 1 款可以依职权取证。取证之后根据第 74 条第 1 款在口头审理中提出证据。

3. 参与人将被告知所有调查证据的日期并可以出席证据调查。其可以向证人及鉴定人提出有助于查明案件的问题。对一个问题提出不同意见的，由专利法院裁定。

第 75 条 传唤

1. 一旦确定口头审理的日期的，必须以至少 2 个星期的传唤期限传唤参与人。在紧急情形中，审判长可以缩短该期限。

2. 传唤时必须指明，在参与人未到场时，可以缺席审判。

第 76 条 口头审理的进行

1. 审判长命令开始口头审理并主持其进行。

2. 介绍案情❶后，由审判长或制作报告的人宣读卷宗的重要内容。

3. 之后由参与人陈述，以提出请求并说明理由。

4. 审判长应与参与人对案件进行事实上与法律上的讨论。

5. 应审判庭成员的要求，审判长应允许审判庭的每个成员提出问题。对问题提出不同意见的，由审判庭裁定。

6. 在讨论案件后，审判长应宣告口头审理终结。审判庭可以决定再开始审理。

---

❶ 根据德语解释，指的是法院先说明案情中哪些已没有争议，哪些还有争议，并指出哪些点对于判决具有重要意义。

第77条 笔录

1. 应由书记处的书记官作为记录员参与口头审理及每次调查取证。依审判长的命令记录员不参与的,由法官负责记录。

2. 对口头审理与每次调查取证,应制作笔录。准用《民事诉讼法》第160~165条。

第78条 自由心证,法律听证

1. 专利法院根据自由的、从程序的整体结果获得的心证作出裁判。作为法官心证的理由,应在裁判中记明。

2. 仅可以依据参与人可以发表意见的事实与证据结果作出裁判。

3. 口头审理已经进行的,最后一次口头审理未到场的法官,仅在参与人同意时,才能参与裁判。

第79条 宣判,送达,说明理由

1. 进行了口头审理的,应在口头审理终结的日期,或应在随即指定的日期宣告专利法院的裁判。仅当重要原因特别是案件的范围或难度需要时,宣判日期才可以定在3个星期之后。应依职权将裁判书❶送达参与人。可以送达裁判书代替宣判。专利法院未经口头审理而作出裁判的,以送达参与人代替宣判。

2. 以裁判驳回一项请求或对于上诉进行裁判的,必须说明理由。

---

❶ 不是判决。裁判书包括裁定和判决。关键是看最后以何种形式作出裁判。"裁判书"、"裁定"和"判决"在德语中都有专门的词。

第 80 条　更正

1. 裁判中的书写错误、计算错误及类似的明显错误，应随时由专利法院更正。

2. 裁判书中的事实部分❶包含其他错误或不明确的，可以在送达裁判书之后的 2 个星期内申请更正。

3. 可以未经预先的口头审理而对第 1 款规定的更正作出裁判。

4. 专利法院无需调查证据通过裁定对根据第 2 款提出的更正申请作出裁判。仅由曾参与被申请更正的裁判的法官参与裁判。

5. 更正裁定应附记于裁判书及相关文本。

第 81 条　代理，全权代表

1. 参与人在专利法院可以自己进行诉讼。第 96 条不受影响。

2. 参与人可以通过律师或专利代理人作为全权代表代理诉讼。除此之外，仅下列人员在专利法院有代理权限：

（1）参与人的雇员，与参与人有关联的企业（《股份法》第 15 条）的雇员；行政机关或公法上的法人以及为执行它们的行政任务而由它们组建的联合体，也可以通过其他行政机关或公法上的法人以及为执行它们的行政任务而由它们组建的联合体的职员代理；

（2）代理与有偿活动不相关时的成年的家庭成员

---

❶　德国法院的裁判书，包含事实与判决的理由两部分。

(《纳税与缴费条例》第15条,《生活伴侣法》第11条)、有资格担任法官的人及共同诉讼人。

不是自然人的全权代表通过其组织及委托的诉讼代理人参与诉讼。

3. 法院通过不得声明不服的裁定驳回未根据第2款而有代理权限的全权代表。无代理权限的全权代表的诉讼行为及对这些全权代表的送达与通知,至驳回时为止有效。第2款第2句所称的全权代表不能实事求是地说明案件关系与诉讼关系的,法院可以通过不得声明不服的裁定拒绝其继续代理。

4. 法官不可以作为全权代表在其所属的法院出现。

5. 委托书应以书面形式提交并附于诉讼卷宗。也可以补交委托书。专利法院确定补交的期限。

6. 在诉讼的任一阶段都可以对代理权的缺陷提出质询。在全权代表不是律师或专利代理人时,专利法院应依职权调查代理权的缺陷。

第82条 其他法律规定的适用,可撤销性,卷宗的查阅

1. 以本法未包含关于专利法院程序的规定为限,且专利法院程序的特殊性未排除时,准用《法院组织法》与《民事诉讼法》。不适用《民事诉讼法》第227条第3款第1句。在专利法院程序中对于费用适用《专利费用法》,对于垫付款准用《法庭费用法》。

2. 仅以本法允许为限,才能撤销专利法院的裁判。

3. 对于允许第三人查阅卷宗,准用第62条第1款、

第2款。由专利法院裁判查阅卷宗的请求。

第六章 联邦最高法院程序

第83条 准许的与无需准许的法律抗告❶

1. 对专利法院抗告庭就根据第66条提出的抗告作出的裁定,当抗告庭在裁定中准许法律抗告时,可以向联邦最高法院提起法律抗告。法律抗告具有停止执行的效力。

2. 存在下列情形之一的,应准许提起法律抗告:

(1) 必须对具有基本意义的法律问题作出裁判;

(2) 发展法律或保障司法统一而要求联邦最高法院作出裁判。

3. 存在下列情形之一并被质询的,对专利法院抗告庭作出的裁定提起法律抗告无需准许:

(1) 作出裁定的法庭不是依法组成;

(2) 依法不得执行法官职务的法官或因为有偏颇之虑而被准许回避的法官参与了裁定;

(3) 拒绝参与人法律听证;

(4) 参与人在诉讼中未依据法律规定委托代理人,但其已明示或默示地同意诉讼进行的除外;

(5) 基于违反了关于程序公开规定的口头审理而作出裁定;

---

❶ 同第45页第66条注释。

（6）裁定书未载明理由。

第 84 条　抗告权，抗告理由

1. 抗告程序的参与人有权提起法律抗告。

2. 只有对违反法律的裁定，才能据以提起法律抗告。准用《民事诉讼法》第 546 条、第 547 条。

第 85 条　形式条件

1. 法律抗告应在送达裁定之后的 1 个月内向联邦最高法院以书面形式提起。

2. 在联邦最高法院的法律抗告程序中，准用第 142 条关于减少诉讼标的额的规定。

3. 应说明法律抗告理由。说明理由的期限为 1 个月；其自提起法律抗告时起算且依请求可以由审判长予以延长。

4. 法律抗告的理由必须包含：

（1）对裁定不服到何种程度及请求变更或撤销该裁定的声明；

（2）被违反的法律规范；

（3）因违反与程序相关的法律而提起法律抗告的，指出表明程序缺陷的事实。

5. 参与人在联邦最高法院必须由联邦最高法院所许可的律师作为全权代表代理诉讼。依参与人的请求应允许其专利代理人发言。专利代理人共同参与而产生的附加费用中，必须偿付《律师报酬法》第 13 条规定的费用及专利代理人支付的必要的垫付款。

第 86 条 合法与否的审查

联邦最高法院应依职权审查,法律抗告本身是否准许、是否以法定形式在法定期限内提起及是否举出理由。欠缺这些要件之一的,以法律抗告不合法而予以驳回。

第 87 条 多个参与人

1. 多人参与法律抗告程序的,应将抗告状及抗告理由书送达其他参与人,并敦促其在送达之后的一定期限内向联邦最高法院提交可能的书面声明。随抗告状的送达,通知提起法律抗告的时间。抗告人应随抗告状或抗告理由书提交必要数量的经认证的副本。

2. 专利局局长未参与法律抗告程序的,准用第 68 条第 1 款。

第 88 条 其他法律规定的适用

1. 在法律抗告程序中,准用《民事诉讼法》关于法院人员的依法回避与申请回避(第 41~49 条)、诉讼全权代表与辅助人❶(第 78~90 条)、依职权送达(第 166~190 条)、传唤、日期与期限(第 214~229 条)及原来状态的重新恢复❷(第 233~238 条)的规定。在原

---

❶ 根据德国《民事诉讼法》第 78~90 条,有些诉讼必须由律师代理;而根据第 90 条,有些诉讼不必由律师代理。在这种情况下,当事人可以以任何有诉讼能力的人为辅助人而与其共同到场。根据第 90 条第 2 款,辅助人的陈述,如未经当事人即时对之撤回或更正,视为当事人的陈述。

❷ 德国《商标法》第 91 条也有类似规定。例如,甲的商标于 12 月 15 日到期,甲在 12 月 10 日提出续展申请,结果不是甲的原因而是因为邮局过错,申请未及时寄到专利局,导致甲的商标被注销。此时甲可以请求,恢复到 12 月 10 日的状态,再提出续展申请。

来状态的重新恢复情形中,准用第 91 条第 8 款。

2. 对于程序公开,准用第 67 条第 2 款、第 3 款。

第 89 条　对法律抗告的裁判

1. 通过裁定对法律抗告作出裁判。其可以未经口头审理而作出。

2. 裁判时联邦最高法院受在被声明不服的裁定中所作出的事实认定的约束,但对这种事实认定举出了合法的、有理由的法律抗告理由的除外。

3. 裁定书必须载明理由并依职权送达参与人。

4. 撤销被声明不服的裁定的,应将案件发回专利法院重新审理。专利法院应以作为撤销之基础的法律判断,作为其裁判基础❶。

第 89a 条　侵害法律听证请求时的消除

法院以对裁判显著重要的方式侵害了因裁判而加重负担的一方当事人的法律听证请求的,依该当事人的质询应继续诉讼程序。对终局裁判的前一个裁判,不得提出质询。准用《民事诉讼法》第 321a 条第 2〜5 款。

第 90 条　费用确定

1. 多人参与程序的,在合乎公平要求时,专利法院可以确定❷由一参与人全部或部分地负担包含参与人产

---

❶ 例如联邦最高法院根据某条文撤销专利法院的裁定,并发回专利法院重审。专利法院重审时,应以该条文作为其重新作出裁判的基础。

❷ 这里不涉及裁判的方式。因为法院既可能在判决中"确定",也可能在裁定中"确定"。"确定"、"裁定"、"判决"、"裁判"使用的是不同的德语词汇。

生的为维护请求权与权利目的所必要的费用在内的程序费用。参与人完全或部分地撤回法律抗告、商标申请、异议或撤销之请求，或商标注册因放弃或未续展保护期限而完全或部分地在注册簿中被注销的，也可以作出该确定。以对费用未作出确定为限，每个参与人自己负担其产生的费用。

2. 法律抗告被驳回或视为不合法被驳回的，因法律抗告产生的费用由抗告人负担。因一方参与人的重大过错而产生费用的，该费用由该参与人负担。

3. 专利局局长只有在其提起法律抗告或在程序中提起请求时，才负担费用。

4. 此外，准用《民事诉讼法》关于费用确定程序（第103~107条）及根据费用确定决定所为的强制执行（第724~802条）的规定。

第七章 共同规定

第91条 重新恢复

1. 无过错而被阻碍遵守在专利局或专利法院的期限，对该期限的延误根据法律规定将产生法律上不利后果的，基于请求可以重新恢复原来状态。该规定不适用于提出异议与缴纳异议费（《专利费用法》第6条第1款第1句）的期限。

2. 应在消除障碍之后的2个月内以书面形式请求重

新恢复。

3. 请求书必须包含说明重新恢复成立的事实。这些事实应在提交请求或关于请求的程序中证实。

4. 在请求期限内应补正被延误的行为。已补正的，即使未请求也可以允许重新恢复。

5. 被延误的期限届满1年之后，不可以再请求重新恢复，不可以再补正被延误的行为。

6. 由对被补正的行为作出裁判的机关对请求作出裁判。

7. 对重新恢复不得声明不服。

8. 允许商标所有人以重新恢复，第三人在丧失对商标注册的权利与重新恢复期间在与商标相同或近似标志之下善意地销售商品或提供服务的，商标所有人对第三人在这些行为方面不得主张权利。

第91a条 申请的继续处理

1. 在延误由专利局所确定的期限之后商标申请被驳回，申请人请求继续处理申请且补正了被延误的行为的，在不需要明确地撤销驳回申请的决定的情况下，该决定无效。

2. 必须在专利局的驳回商标申请的决定送达之后的1个月期限内递交请求。必须在该期限内补正被延误的行为。

3. 对第2款规定的期限及《专利费用法》第6条第1款第1句规定的缴纳继续处理费的期限的延误，不得重新恢复。

4. 由必须对被补正的行为作出决定的商标处或商标部对请求作出决定。

第 92 条 真实义务

在专利局、专利法院及联邦最高法院程序中，参与人应完整、真实地陈述事实情况。

第 93 条 官方语言与法院工作语言

专利局与专利法院的工作语言为德语。此外，适用《法院组织法》关于法院工作语言的规定。

第 93a 条 证人的补偿，鉴定人的报酬

证人与鉴定人根据《司法补偿与报酬法》分别获得补偿与报酬。

第 94 条 送达

1. 对于专利局程序中的送达，在遵守以下规定的情况下，适用《行政送达法》：

（1）对逗留于国外且违反第 96 条的要求未委托国内代理人的接收人，可以交挂号信于邮局❶送达。这同样适用于本身是第 96 条第 2 款意义的国内代理人的接收人。准用《民事诉讼法》第 184 条第 2 款第 1 句、第 4 句。

（2）对执业许可证持有人（《专利代理人条例》第 177 条）的送达，准用《行政送达法》第 5 条第 4 款。

（3）对于在专利局设立了自取箱的接收人，也可以通过将书件留置于自取箱的方式送达。对于留置，应在

---

❶ 此处不译为"邮寄"。因为这里强调的是"挂号信"而不是一般的平信。而且只要交挂号信到邮局，就已经送达，不要求实际上是否到达接收人。

卷宗中作成书面通知。在书件上应记载留置的时间。在留置于自取箱之后的第3天，视为已送达。

2. 对于联邦最高法院程序中的送达，适用《民事诉讼法》的规定。

第95条　法律协助

1. 法院❶有义务向专利局或专利法院提供法律协助。

2. 在专利局程序中，专利法院依专利局的请求，对不到场、拒绝陈述或拒绝宣誓的证人或鉴定人处以秩序罚或强制手段。也可以命令拘传不到场的证人。

3. 对第2款规定的请求，由三名精通法律的成员组成的专利法院的抗告庭予以裁判。以裁定的方式作出裁判。

第95a条　电子文件，行政法规授权

1. 在专利局程序中对申请、请求或其他行为规定了书面形式的，准用《民事诉讼法》第130a条第1款第1句、第3句及第3款。

2. 专利法院与联邦最高法院的诉讼卷宗可以是电子形式。以本法无其他规定为限，此外准用《民事诉讼法》关于电子文件、电子卷宗以及程序进行的电子形式的规定。

3. 联邦司法部通过行政法规无需联邦议会的同意而规定：

（1）可以向专利局及法院递交电子文件的时间、处理文件的合适方式及可使用的电子签名；

（2）诉讼卷宗根据第2款可以电子形式进行的时间，

---

❶　这里的"法院"指的是普通法院。

及适用于创建、使用与保管电子诉讼卷宗的组织与技术框架条件。

第 96 条 国内代理人

1. 在国内既无住所、居所又无营业所❶的,在国内只有委任有权在专利局、专利法院程序及涉及商标的民事法律争议中进行代理及提起刑事自诉的律师或专利代理人作为其代理人,才能参与本法所规定的专利局、专利法院程序及主张对商标的权利。

2. 欧洲联盟成员国或《欧洲经济区协议》的其他协议国的国民,当其在《2000 年 3 月 9 日关于欧洲律师在德国活动的法律第 1 条的附录》(《联邦法律公报》,第一部分,第 182 页)及《1990 年 7 月 6 日专利代理人执业资格审查法第 1 条附录》(《联邦法律公报》,第一部分,第 1349 页、第 1351 页)的现行生效文本中的一个职业名称之下有权从事职业活动时,可以为《欧洲共同体条

---

❶ 住所(Wohnsitz)与居所(Sitz)是相对于自然人而言,自然人有住所和居所。住所包括心素和体素两项构成要素。当心素与体素相分离时,则构成居所。例如,一个人的住所在慕尼黑,但最近两年他在汉堡做生意,经常居住汉堡,则汉堡是他的居所。营业所(Niederlassung)与经营场所(Geschäftsraum)是相对于法人或其他单位等。营业所与经营场所的区别,相当于住所与居所的区别。至于所说的"住所所在地"与"经营场所所在地"等,主要是第 96 条第 3 款的规定。其规定"经营场所(住所)所在地"被视为"财产标的所在地"。如果经营场所(住所)在慕尼黑,那么经营场所(住所)所在地就是慕尼黑,那么财产标的所在地就是慕尼黑。当然不能去掉"所在地",要不然就变成了"经营场所(住所)"被视为"财产标的所在地";再如,"由被告经营场所(住所)所在地法院管辖",去掉"所在地"就变成了"由被告经营场所(住所)法院管辖"。

约》意义上的提供服务目的而被委任为第 1 款意义上的代理人。

3. 第 1 款规定的被委任的代理人的经营场所所在地，在《民事诉讼法》第 23 条意义上视为财产标的所在地；没有这种经营场所的，根据代理人在国内的住所所在地❶及不存在住所地时根据专利局所在地确定。

4. 通过法律行为终止第 1 款规定的代理人的委任，只有向专利局或专利法院通知了该终止及其他代理人的委任时才生效。

第 96a 条 法院程序拖长时的权利保护

《法院组织法》第 17 章的规定准用于专利法院程序与联邦最高法院程序。

---

❶ 同第 62 页脚注❶。

第四部分　集体商标

第 97 条　集体商标

1. 所有第 3 条意义的可作为商标受保护的标志,当其足以将集体商标所有人的成员的商品或服务与其他企业的商品或服务根据其企业或产地来源、性质、质量或其他特性区别开来时,可以作为集体商标注册。

2. 以本部分未作其他规定为限,本法的规定适用于集体商标。

第 98 条　所有人

已提出申请的或已注册的集体商标的所有人仅可以是有权利能力的联合体,包含其成员本身即是联合体的有权利能力的控股联合体及机关联合体在内。公法上的法人等同于这些联合体。

第 99 条　产地来源标志作为集体商标的可注册性

不同于第 8 条第 2 款第 2 项,集体商标可以仅由在商业交易中标示商品或服务的产地来源的标志或指示组成。

第 100 条　保护的限制,使用

1. 除基于第 23 条而发生的保护限制外,产地来源标志作为集体商标注册不授予其所有人禁止第三人在商业交易中使用该标志的权利,但以该使用符合善良风俗

且不违反第 127 条为限。

2. 由至少有权使用的一个人或集体商标的所有人使用集体商标视为第 26 条意义的使用。

第 101 条 诉讼权限，损害赔偿

1. 以在商标章程中未作出其他规定为限，有权使用集体商标的人仅经其所有人同意才能因为侵害集体商标提起诉讼。

2. 集体商标的所有人也可以请求赔偿因无权使用集体商标或近似标志而对有权使用集体商标的人发生的损害。

第 102 条 商标章程

1. 随集体商标申请书必须附具商标章程。

2. 商标章程至少必须包括：

(1) 联合体的名称与营业所；

(2) 联合体的目标与代表；

(3) 成员资格条件；

(4) 关于有权使用集体商标的人的范围记载；

(5) 使用集体商标的条件；

(6) 参与人在侵害集体商标情形中的权利与义务。

3. 集体商标由产地来源标志组成的，章程必须规定，商品或服务来源于该地理区域的满足商标章程中包含的使用集体商标条件的任何人，可以成为联合体的成员，并列入有权使用集体商标的人的范围。

4. 任何人可以查阅商标章程。

第 103 条 申请之审查

除根据第 37 条外,还在集体商标申请不满足第 97 条、第 98 条及第 102 条的条件或商标章程违反公共秩序或善良风俗时,驳回集体商标申请,但申请人修改了商标章程以至于驳回理由消除的除外。

第 104 条 商标章程的修改

1. 集体商标所有人应将商标章程的每一次修改通知专利局。

2. 在修改商标章程的情形中,准用第 102 条、第 103 条。

第 105 条 失效

1. 除基于第 49 条所称的失效理由外,集体商标注册还在存在下列情形之一时依请求因为失效而撤销:

(1) 集体商标的所有人不再存在;

(2) 集体商标的所有人未采取适当的措施,以阻止以违背联合体目标或商标章程的方式滥用注册商标;

(3) 商标章程的修改违反第 104 条第 2 款而登记于注册簿,但集体商标的所有人重新修改了商标章程以至于撤销理由消除的除外。

2. 由有权使用的人之外的人使用集体商标且该使用足以欺骗公众的,特别视为第 1 款第 2 项意义的滥用。

3. 根据第 1 款的撤销之请求应向专利局提起。其程序依照第 54 条确定。

第 106 条 因为绝对保护障碍而无效

除基于第 50 条所称的无效理由外,集体商标注册还在违反第 103 条而注册集体商标时依请求因无效而撤销。无效理由涉及商标章程的，集体商标的所有人修改了商标章程以至于无效理由消除时，不撤销注册。

第四部分　集体商标

第五部分 根据《马德里商标协定》及《马德里商标协定议定书》的商标保护,共同体商标

第一章 根据《马德里商标协定》的商标保护

第 107 条 本法规定的适用;语言

1. 以本章或《商标国际注册马德里协定》(《马德里商标协定》)未作其他规定为限,本法的规定准用于根据《马德里商标协定》由专利局作为中介而进行的或其保护延及于德意志联邦共和国领域的商标国际注册。

2. 国际注册程序中的全部请求或其他通知及商品与服务目录根据请求人的选择以法语或英语提交。

第 108 条 国际注册之请求

1. 根据《马德里商标协定》第 3 条请求对已在注册簿中注册的商标❶予以国际注册的,应向专利局❷提起该

---

❶ 指的是已在德国注册的商标。
❷ 这里的"专利局"指的是德国专利与商标局。

请求。

2. 在商标注册于注册簿之前提起国际注册请求的,该请求视为在商标注册之日到达。

3. 随请求应提交根据《商品和服务国际分类表》而分类的商品或服务目录。

第 109 条 费用

1. 在商标注册于注册簿之前提起国际注册请求的,国际注册程序的国内费用在注册之日到缴纳期限❶。

2. 《专利费用法》规定的国际注册的国内费用必须在依照第 1 款或《专利费用法》第 3 条第 1 款确定的期限届满后 1 个月内缴纳。

第 110 条 登记于注册簿

已在注册簿中注册的商标的国际注册的日期与编号应登记于注册簿。

第 111 条 事后的保护延伸

1. 可向专利局提起《马德里商标协定》第 3 条之三第 2 款规定的国际注册商标的延伸保护之请求。

2. 《专利费用法》规定的事后保护延伸的国内费用必须在确定的期限届满(《专利费用法》第 3 条第 1 款)之后的 1 个月内缴纳。

第 112 条 国际注册的效力

1. 商标的国际注册,其保护根据《马德里商标协定》第 3 条之三而延伸至德意志联邦共和国领域的,具

---

❶ 意思是在注册日之前应该缴纳国内费用。

有如同该商标在《马德里商标协定》第 3 条第 4 款规定的国际注册之日，或在《马德里商标协定》第 3 条之三第 2 款规定的事后保护延伸的登记之日，而已提出注册于专利局的注册簿之申请并已注册一样的效力。❶

2. 国际注册的商标根据第 113~115 条被拒绝保护的，第 1 款所称的效力视为未发生。

第 113 条　绝对保护障碍的审查

1. 对国际注册的商标，以与对申请注册于注册簿的商标相同的方式，根据第 37 条审查绝对保护障碍。不适用第 37 条第 2 款。

2. 以拒绝保护代替驳回申请（第 37 条第 1 款）。

第 114 条　异议

1. 对于国际注册的商标，以公布于由世界知识产权组织国际局出版的公报代替公布注册（第 41 条）。

2. 对国际注册的商标提起异议的期限（第 42 条第 1 款）自包含国际注册的商标的公布的公报期数出版的次月的第一日起算。

3. 以拒绝保护代替撤销注册（第 43 条第 2 款）。

第 115 条　事后剥夺保护

1. 对于国际注册的商标，以剥夺保护之请求或诉讼代替因为失效（第 49 条）、存在绝对保护障碍（第 50

---

❶ 商标的国际注册，虽然其保护是根据协定延伸至德国，但具有如同其在国际注册之日或保护延伸的登记之日在德国专利与商标局提出申请并注册一样的效力。即与国内商标申请与注册效力相同。

条）或在先权利（第 51 条）而提起的撤销注册的请求或诉讼。

2. 根据第 49 条第 1 款因为缺乏使用而提起剥夺保护之请求的，以下列日期之一代替注册于注册簿之日：

（1）同意保护的通知到达世界知识产权组织国际局之日；

（2）《马德里商标协定》第 5 条第 2 款规定的期限届满之日，但以在该日既没有第 1 项规定的通知，也没有临时拒绝保护的通知到达为限。

第 116 条　基于国际注册的商标的异议与撤销之请求

1. 基于国际注册的商标而对商标注册提起异议的，适用第 43 条第 1 款，但以第 115 条第 2 款所称的日期代替注册之日。

2. 基于国际注册的商标而根据第 51 条提起撤销已注册商标的诉讼的，适用第 55 条第 3 款，但以第 115 条第 2 款所称的日期代替注册之日。

第 117 条　排除因为缺乏使用而产生的请求权

因为侵害国际注册的商标而主张第 14 条、第 18 条及第 19c 条意义的请求权的，适用第 25 条，但以第 115 条第 2 款所称的日期代替商标注册之日。

第 118 条　国际注册的商标转让时的同意

在国际注册的商标转让情形中，专利局在不考虑商标是否为了国际注册的商标新的所有人而注册于专利局的注册簿的情况下，授予世界知识产权组织国际局根据

《马德里商标协定》第 9 条之二而为必要的同意。

第二章 根据《马德里商标协定议定书》的商标保护

第 119 条 本法规定的适用；语言

1. 以本章或《商标国际注册马德里协定有关议定书》（1989 年 6 月 27 日，《马德里商标协定议定书》）未作其他规定为限，本法的规定准用于根据该议定书由专利局作为作为中介而进行的或其保护延及于德意志联邦共和国领域的商标国际注册。

2. 国际注册程序中的全部请求或其他通知及商品与服务目录根据请求人的选择以法语或英语提交。

第 120 条 国际注册之请求

1. 根据《马德里商标协定议定书》第 3 条请求注册于注册簿或对已在注册簿中注册的商标❶予以国际注册的，应向专利局❷提起该请求。国际注册应以已注册于注册簿的商标为基础的，也可在商标注册之前就提起该请求。

2. 国际注册应以已注册于注册簿的商标为基础且在商标注册于注册簿中之前提起国际注册请求的，该请求

---

❶ 指的是已在德国注册的商标。
❷ 这里的"专利局"指的是德国专利与商标局。

视为在商标注册之日到达。

3. 随请求应提交根据《商品和服务国际分类表》而分类的商品或服务目录。

第 121 条 费用

1. 国际注册根据《马德里商标协定》及《马德里商标协定议定书》应以已注册于注册簿的商标为基础且在商标注册于注册簿中之前提起国际注册请求的，国际注册程序的国内费用在注册之日到缴纳期限。

2.《专利费用法》规定的国际注册的国内费用必须在依照第 1 款或《专利费用法》第 3 条第 1 款确定的期限届满后 1 个月内缴纳。

第 122 条 附记于卷宗，登记于注册簿

1. 国际注册以申请注册于注册簿的商标为基础的，国际注册的日期与编号应附记于已提出申请商标的卷宗。

2. 以已注册于注册簿的商标为基础的国际注册的日期与编号应登记于注册簿。国际注册以申请注册于注册簿的商标为基础且申请已导致注册的，也适用第 1 句。

第 123 条 事后的保护延伸

1. 可向专利局提起《马德里商标协定议定书》第 3 条之三第 2 款规定的国际注册商标的延伸保护之请求。事后的保护延伸应以已注册于注册簿的商标为基础且在商标注册于注册簿中之前提起请求的，请求视为在商标注册之日到达。

2. 以已注册于注册簿的商标为基础的事后的保护延伸，既可以根据《马德里商标协定》又可以根据《马德

里商标协定议定书》进行。

3.《专利费用法》规定的事后保护延伸的国内费用必须在到期（《专利费用法》第3条第1款）之后的1个月内缴纳。

第124条 关于根据《马德里商标协定》的国际注册商标的效力规定的准用

第112～117条准用于其保护根据《马德里商标协定议定书》第3条之三延伸至德意志联邦共和国领域的国际注册的商标，但以《马德里商标协定议定书》的相应规定代替第112～117条所列的《马德里商标协定》的规定。

第125条 国际注册的转换

1. 根据《马德里商标协定议定书》第9条之五向专利局提交了转换且根据《马德里商标协定议定书》第6条而在国际注册簿中被撤销的商标的请求，且该请求连同必要的记载事项在商标在国际注册簿中撤销之日后的3个月期限届满之前到达专利局的，根据《马德里商标协定议定书》第3条第4款的商标的国际注册日或根据《马德里商标协定议定书》第3条之三第2款的保护延伸的登记日，为国际注册要求优先权的则优先权日，对确定第6条第2款意义的时间顺序具有决定意义。

2. 请求人应该提交由世界知识产权组织国际局出具的证明，以表明对商标及商品或服务的国际注册保护在其在国际注册簿撤销之前已延伸至德意志联邦共和国领域。

3. 请求人此外还应提交请求注册所指定的商品或服

务目录的德语翻译。

4. 转换请求在其余情况下被如同商标注册申请处理。但《马德里商标协定议定书》第 5 条第 2 款规定的拒绝保护的期限在商标在国际注册簿撤销之日已届满且在该日无对拒绝保护或事后剥夺保护而启动的程序尚未完结的，则商标无需事前审查而根据第 41 条直接注册于注册簿。对根据第 2 句❶的商标注册不得提起异议。

第三章　共同体❷商标

第 125a 条　向专利局❸提交共同体商标❹申请

根据理事会 2009 年 2 月 26 日（欧洲共同体）207/2009 号《共同体商标条例❺》（经编纂的文本）（《欧洲联盟官方公报》，2009 年 3 月 24 日 L 78 号，第 1 页）第

---

❶ 这里的第 2 句指本句所在的款即第 4 款第 2 句。

❷ 一般而言，"共同体"指的是欧洲各大共同体，最初包括欧洲煤钢共同体（1952 年）、欧洲经济共同体（1958 年）及欧洲原子能共同体（1958 年）；根据 1993 年生效的《马斯特里赫特欧洲联盟条约》（以下简称《欧盟条约》），欧洲经济共同体更名为欧洲共同体；2002 年，由于《欧洲煤钢共同体条约》的存续期间届满，原来的欧洲煤钢共同体框架下的领域也被并入欧洲共同体的框架下。因而这一时期的欧洲各大共同体包括欧洲共同体与欧洲原子能共同体，它们构成欧洲联盟的的第一大支柱，也是欧洲联盟一体化程度最高的领域，属于欧洲联盟的核心。此外欧洲联盟还包括"共同的外交与防卫政策合作领域"以及"刑事案件的警察事务与司法合作领域"两大支柱。后两个领域的一体化程度并不高。因而欧洲联盟框架下的欧洲各大共同体的名称及地位，不能简单地用"欧洲联盟"指代及取代。但欧洲联盟范围内的法律主要是共同体法。

（转下页）

25条第1款第2项向专利局提交共同体商标申请的,专利局应在申请书上记载到达之日,并不经审查而不迟延地转交内部市场(商标与外观设计)协调局。

第125b条 本法规定的适用

以下规定在下列情形中适用于根据《共同体商标条例》提出申请或注册的商标:

(1) 对于第9条(相对保护障碍)的适用,已提出申请或已注册的在先共同体商标等同于根据本法已提出申请或已注册的在先商标,但以《共同体商标条例》第

(接上页) 根据2009年12月1日生效的《里斯本条约》,此前只是作为一个"屋顶"而由三大支柱支撑起来的欧洲联盟取代了欧洲共同体的地位,具有了独立的法律人格;原来的《欧洲共同体条约》也改名为《欧洲联盟运行条约》(主要内容并未改变);原来的"刑事案件的警察事务与司法合作领域"被并入《欧洲联盟运行条约》,而"共同的外交与防卫政策合作领域"被并入《欧盟条约》,因而三大支柱已不存在,目前只有欧盟与欧洲原子能共同体。

在本书中,"共同体"指欧洲共同体(有时简称"欧共体")与欧洲原子能共同体,"欧盟"指欧洲联盟。

❸ 这里的"专利局"指的是"德国专利与商标局"。

❹ 这里的"共同体商标"是与共同体各成员国的国内商标共存的一类独立的商标形式。其在共同体范围内有效。而一旦被宣告无效,则在共同体范围内无效。而在专利领域,根据《欧洲专利公约》,申请人提起一项欧洲专利申请,经过《公约》规定的统一集中的审查与授权程序,就能获得多项对在申请中所指定的成员国有效的专利。但是,在授予专利以后,对专利的无效宣告及专利侵害等适用成员国国内专利法。因而,《欧洲专利公约》对欧洲各国的专利法只是进行了有限地欧洲化,即只对专利申请的受理、审查与授权阶段在欧洲层面进行了统一化与集中化,获得专利之后则仍然适用各国国内法,因而例如通过《公约》获得的德国专利与英国专利,有可能在德国被宣告无效,而在英国则得以继续维持。在这个意义上,《欧洲专利公约》概念具有误导性,因为只有专利授权程序的 (转下页)

9条第1款第2句第3项规定的在共同体内的知名度代替第9条第1款第3项规定的在国内的知名度。

（2）已注册的共同体商标的所有人，除享有《共同体商标条例》第9～11条规定的请求权外，还如同根据本法已注册的商标的所有人，享有损害赔偿（第14条第6、7款）、销毁与召回（第18条）、提供信息（第19条）、出示与检查（第19a条）、损害赔偿保障（第19b条）及公告判决（第19c条）的请求权。

（接上页）欧洲化，经过欧洲"专利授权程序"获得的并不是一项"欧洲专利"，而是由成员国国内专利组成的一束专利。2000年8月，共同体提出了《共同体专利条例》建议案。根据该建议案，"共同体专利"不是一束专利，不是一束各国国内专利，而是一项专利，一经宣告无效就在整个共同体范围内无效。但是《共同体专利条例》最终并未获得通过。因而，目前共同体在商标领域比在专利领域实现了更高程度的一体化，创设了对各成员国都有效的统一的共同体商标。

❺ 共同体法的法律渊源包括基础法（Primärrecht）与派生法（Sekundärrecht）。基础的共同体法主要指各大共同体的建立条约如《欧洲共同体条约》（现在的《欧盟运行条约》）、《欧洲原子能共同体条约》，以及它们的各个附件与附加议定书。派生的共同体法是指由共同体机构根据各大共同体条约或其他的法律文件的授权而颁布的法律文件，包括条例（Verordnung）、指令（Rechtlinie）、决定（Entscheidung）以及建议与意见（Empfehlung und Stellungnahme）。其中，条例与指令是最主要的共同体法。条例类似于成员国的内国法律体系中的"法律"，具有完整的约束力以及普遍的效力；对于各成员国及其个体具有直接的适用效力。因而能"强硬"地实现对成员国法律的统一。而指令只是对其所指向的成员国在指令所确立的欲达到的目标方面具有约束力，不具有直接的适用效力，不能对个体直接设定权利或义务，需要成员国将其转化为内国法。成员国可以自由选择转化的形式及手段。因为指令只是规定成员国法律协调的目标及框架，通过由成员国转化立法而给予成员国一定的自由空间，所以相对于条例而言，指令属于比较委婉的协调方式。

（3）针对根据本法注册的在后商标的使用主张注册的共同体商标请求权的，准用第21条第1款（丧失）❶。

（4）对商标注册提起的异议（第41条）是以已注册的在先共同体商标为基础的，准用第43条第1款（使用的证明），但以《共同体商标条例》第15条规定的在先共同体商标的使用代替第26条规定的在先商标的使用。

（5）撤销商标注册的请求（第51条第1款）是以已注册的在先共同体商标为基础的，准用下列规定：

1）第51条第2款第1句（丧失）；

2）第55条第3款（使用的证明），但以《共同体商标条例》第15条规定的在先共同体商标的使用代替第26条规定的在先商标的使用。

（6）已注册的共同体商标的所有人如同根据本法注册的商标的所有人，可以在进出口中请求扣押。准用第146~149条。

第125c条 事后确定商标不产生预期效力

1. 对于已提出申请或已注册的共同体商标根据《共同体商标条例》第34条或第35条要求在专利局的注册簿中注册的商标的时间顺序，且在专利局的注册簿中注册的商标因为未根据第47条第6款续展保护期限或因为根据第48条第1款放弃而撤销的，依请求可以事后确定商标因为失效或无效而不产生预期效力。

2. 在与因为失效或无效而撤销相同的条件下确定不产

---

❶ 这是德国立法的特点。在指引某一法律规定时，用括号说明该规定的核心内容。

生预期效力。但只有当第 49 条第 1 款规定的撤销条件在商标因为未续展保护期限或放弃而撤销业已存在时，才能因为失效根据第 49 条第 1 款而确定商标不产生预期效力。

3. 确定不产生预期效力的程序依照撤销注册商标所适用的程序规定，但以确定商标不产生预期效力代替撤销商标的注册。

第 125d 条 共同体商标的转换

1. 转换已提出申请或已注册的共同体商标的请求根据《共同体商标条例》第 109 条第 3 款转交给专利局的，根据《专利费用法》为转换程序缴纳的费用及类别费在转换请求到达专利局时到缴纳期限。

2. 转换请求涉及还未作为共同体商标注册的商标的，将转换请求当作如注册于专利局的注册簿之申请处理，但以《共同体商标条例》第 27 条意义的共同体商标的申请日或为共同体商标要求的优先权日代替第 33 条第 1 款意义的申请日。为共同体商标申请根据《共同体商标条例》第 34 条要求了在专利局的注册簿中注册的商标的时间顺序的，以该时间顺序代替根据第 1 句而具有决定性的日期。

3. 转换请求涉及已作为共同体商标注册的商标的，专利局无须进一步审查在保留其原时间顺序的情况下，根据第 41 条直接将商标注册于注册簿。对该注册不可提起异议。

4. 在其余情况下，对转换请求适用本法关于商标申请的规定。

第125e条 共同体商标法院，共同体商标争议案件

1. 对于《共同体商标条例》第91条第1款❶意义的共同体商标法院根据该条例有权管辖的诉讼（共同体商标争议案件），不论其诉讼标的额，由州法院作为一审共同体商标法院专属管辖。

2. 一审共同体商标法院所在地的州高等法院为二审共同体商标法院。

3. 授权州政府，通过行政法规指定由一个共同体商标法院负责管辖数个共同体商标法院管辖区的共同体商标争议案件。州政府可以将该项授权通过行政法规移交给州司法行政机关。

4. 各州可以通过协议将一个州的共同体商标法院承担的任务全部或部分移交给另一个州的有管辖权的共同体商标法院。

5. 第140条第3~5款准用于共同体商标法院程序。

第125f条 通知委员会

联邦司法部将一审与二审共同体商标法院及一审与二审共同体商标法院每一次的数量、名称或地域管辖改变通知欧洲共同体委员会。

第125g条 共同体商标法院的地域管辖

德国的共同体商标法院根据《共同体商标条例》第

---

❶ 《共同体商标条例》第91条第1款：成员国在其领域内应指定尽可能数量少的国内一审与二审法院，以下称为"共同体商标法院"，以执行根据本条例委托给成员国的任务。

93条有国际管辖权的,对于该法院的地域管辖准用在涉及向专利局提出的商标申请或在专利局的注册簿中注册的商标时将适用的规定。据此不能确立管辖的,原告在其具有通常审判籍❶的法院具有地域管辖权。

第125h条　破产程序

1. 破产法院知道已提出申请或已注册的共同体商标属于破产财产的,其应直接请求内部市场(商标与外观设计)协调局将下列事项登记于共同体商标注册簿,涉及申请的,登记于申请卷宗:

(1) 程序的启动及以未包含于程序为限时的限制处分之命令;

(2) 允许转让或转让共同体商标或共同体商标的申请;

(3) 程序具有法律效力地停止;

(4) 具有法律效力地撤销程序,但在债务人监管的情形中直到监管及处分限制结束。

2. 也可由破产管理人请求登记于共同体商标注册簿或申请卷宗。在自己管理(《破产法》第270条)的情形中,以监管人代替破产管理人。

---

❶ 审判籍(Gerichtsstand)不等同于地域管辖(örtliche Zuständigkeit)。审判籍是指用于确定地域管辖即由哪个地方的法院管辖的各种因素,如被告住所所在地、居所所在地、财产标的所在地、侵权行为地、侵权结果地、合同签订地等。这些因素统称为审判籍。但是在我国民事诉讼法中没有相关的总概念。著名法学家、原中国社科院法学研究所的谢怀栻研究员翻译的《德国民事诉讼法》,将其翻译为"审判籍"。本文翻译参考了谢怀栻的译本。

第 125i 条 发给执行条款

对于根据《共同体商标条例》第 82 条第 2 款第 2 句发给执行条款由专利法院管辖。由专利法院书记处的书记官发给可执行的文本。

第六部分　产地来源标志

第一章　产地来源标志的保护

第 126 条　作为产地来源标志受保护的名称、标识

1. 本法意义的产地来源标志是商业交易中用以标示商品或服务产地来源的地方、地区、区域或国家名称及其他标识。

2. 第 1 款意义的名称、标识涉及种类名称的，不可作为产地来源标志受保护。虽然包含第 1 款意义的关于产地来源的标示或可从这种标示推导出来，但已经丧失了其原来的意义并作为商品或服务名称或标示商品或服务的属性、性质、类别或其他特性或特征使用的标志，视为产地来源标志。

第 127 条　保护的内容

1. 在商业交易中，为不同产地来源的商品或服务使用标示商品或服务产地来源的名称、标识时存在误导产地来源危险的，不可为非来源于由产地来源标志所表明的地方、地区、区域或国家的商品或服务而使用产地来源标志。

2. 由产地来源标志所标示的商品或服务具有特别性

质或质量的，在商业交易中仅可为具有该性质或质量的相同来源的相应商品或服务而使用该产地来源标志。

3. 产地来源标志具有特别声誉的，即使不存在误导产地来源危险，在商业交易中也不可为不同来源的商品或服务而使用该产地来源标志，只要为不同来源的商品或服务的该种使用足以无合理理由而以不正当的方式充分利用或损害该产地来源标志的声誉或区别力。

4. 使用与产地来源标志近似的名称、标识，或随附注使用产地来源标志的，在下列情形中，也适用以上款：

（1）在上述第 1 款的情形中，尽管存在不同或附注，但仍然存在误导产地来源危险；

（2）在上述第 3 款的情形中，尽管存在不同或附注，但仍然足以不正当地充分利用或损害产地来源标志的声誉或区别力。

第 128 条 因侵害而产生的请求权

1. 商业交易中违反第 127 条而使用名称、标识的，在有重复危险时得由根据《反不正当竞争法》第 8 条第 3 款有权主张请求权的主体请求其不作为。存在违法行为的危险时，即已存在该请求权。准用第 18 条、第 19 条、第 19a 条及第 19c 条。

2. 故意或有过失地违反第 127 条的，负向有权使用产地来源标志的人赔偿因违法行为而发生的损害的义务。在计算损害赔偿时，也可以考虑侵害人通过权利侵害而所获得的利润。准用第 19b 条。

3. 准用第 14 条第 7 款及第 19d 条。

第129条 诉讼时效

第128条规定的请求权根据第20条而完成诉讼时效。

第二章 根据（欧洲共同体）510/2006号条例的地理标志与原产地名称的保护

第130条 专利局程序；对请求的异议

1. 登记地理标志或原产地名称于由欧洲共同体委员会根据理事会2006年3月20日《农产品与食品地理标志及原产地名称保护条例》（（欧洲共同体）510/2006号条例，《欧洲联盟官方公报》，L 93号，第12页）第7条第6款设立的受保护原产地名称与地理标志登记簿的请求，应向专利局提起。

2. 对于在本章中规定的程序，由在专利局设立的商标部管辖。

3. 对请求进行审查时，专利局应征求联邦食品、农业与消费者保护部、所涉州的行业主管的部、相关公共团体及感兴趣的经济团体与组织的意见。

4. 专利局在《商标公报》上公布请求。自公布于《商标公报》时起的4个月内，在德意志联邦共和国领域内有营业所或居所且具有合法利益的任何人可以向专利局提起异议。

5. 请求符合（欧洲共同体）510/2006号条例及为实

施其而颁布的法律规定所列条件的,专利局通过决定予以确认。否则通过决定驳回请求。专利局在《商标公报》上公布同意请求的决定。根据第 4 款公布的记载事项有重大修改的,应在《商标公报》上随同同意请求的决定公布这些修改。第 1 句、第 2 句中的决定应送达请求人及在规定期限内提起异议的人。

6. 具有法律效力地确认,请求符合(欧洲共同体) 510/2006 号条例及为实施其而颁布的法律规定所列条件的,专利局将此通知请求人并将请求连同必要的材料转交给联邦司法部。专利局此外在《商标公报》上公布肯定决定所涉及的详细说明的文本。联邦司法部将请求连同必要的材料转交给欧洲共同体委员会。

第 131 条 对被建议的登记的异议

1. 根据(欧洲共同体) 510/2006 号条例第 7 条第 2 款对被建议的在欧洲共同体委员会设立的《受保护原产地名称与地理标志登记簿》的原产地名称或地理标志的登记的异议,应自根据(欧洲共同体) 510/2006 号条例第 6 条第 2 款在《欧洲共同体官方公报》予以公布时起的 4 个月内向专利局提起。

2. 缴纳异议费的期限依照《专利费用法》第 6 条第 1 款第 1 句确定。异议期限及缴纳异议费用的期限不得重新恢复。

第 132 条 请求修改详细说明,撤销程序

1. 对于根据(欧洲共同体) 510/2006 号条例第 9 条第 2 款第 1 句提起的修改受保护地理标志或原产地名称

的详细说明的请求,准用第130条、第131条。

2. 对于根据(欧洲共同体)510/2006号条例第12条第2款提起的撤销受保护原产地名称的请求,准用第130条、第131条。

第133条 法律救济

对专利局根据本章规定作出的决定,可以向联邦专利法院提起抗告,并向联邦最高法院提起法律抗告。对根据第130条第5款第1句作出的决定,在规定期限内对请求提起异议的人或由于同意请求的决定基于根据第130条第5款第4句公布的修改了的记载事项而合法利益受到影响的人,有权抗告。在其余情况下,准用本法关于联邦专利法院抗告程序(第66~82条)及联邦最高法院法律抗告程序(第83~90条)的规定。

第134条 监管

1. 根据(欧洲共同体)510/2006号条例及为其实施而颁布的法律规定所必要的监管与检查职责由州法规定的有管辖权的机关承担。

2. 以为第1款意义的监管与检查所必要为限,有管辖权的机关的代表人享有下列权限,即可以对于销售、生产(《食品与饲养品法典》第3条第1项及第2项)或在共同体内运输、进口或出口农产品或食品的企业在商业交易或工作时间内:

(1)进入或检查工作场所、地产、销售店或运输工具;

(2)在开具收讫证明的情况下提取样品,但应相关当事人的要求，应留下样品的一部分，或样品不可分时留下官方密封的第二份样品；

（3）查看及审查商业文件；

（4）要求提供信息。

这些权限也延及于在公共场所特别是市场、广场或街道销售的或流动兜售的农产品或食品。

3. 企业主❶或企业负责人有义务允许进入或检查工作场所、地产、销售店或运输工具，自己或通过他人以能按规定进行检查的方式展示待检查的农产品或食品，自己或通过他人在检查中提供必要的帮助，允许提取样品，提交并允许审查商业文件及提供信息。

4. 进口或出口时检查的，对为企业主在共同体内运输、进口或出口农产品或食品的人也准用第2款、第3款。

5. 负提供信息义务的人，对于如回答将使义务人自己或其《民事诉讼法》第383条第1款第1～3项所称的亲属❷面临因犯罪或本法规定的行政违法而受追诉的危

---

❶ 企业主指企业的所有权人，企业负责人指企业的经理等，即负责经营的人。

❷ 《民事诉讼法》第383条第1款第1～3项规定了有权拒绝作证的亲属：当事人一方的订婚人或承诺与当事人一方建立生活伴侣关系的人（第1项）；当事人一方的配偶，即使配偶关系已不存在（第2项）；当事人一方的生活伴侣，即使生活伴侣关系已不存在（第2a项）；现在或过去是当事人一方的直系血亲或姻亲，或三亲等以内的旁系血亲，或二亲等以内的旁系姻亲。其中，"生活伴侣"限于同性之间。因为德国《民法典》中的婚姻关系限于异性之间，而在德国也存在类似婚姻关系的同性关系，为此德国颁布了《生活伴侣法》，规定经过登记的同性生活伴侣关系在财产、继承等方面也具有类似于婚姻关系的效力。这样也避免了对《民法典》中的婚姻制度作根本性地修改。

险的问题，可以拒绝提供信息。

6. 对于根据（欧洲共同体）510/2006 号条例第 11 条为检查目的而采取的行政行为应缴纳补偿费用的花费与垫付款。需要承担费用的行为由州法规定。

第 135 条 因侵害而产生的请求权

1. 商业交易中实施违反（欧洲共同体）510/2006 号条例第 8 条或第 13 条的行为的，在有重复危险时得由根据《反不正当竞争法》第 8 条第 3 款有权主张请求权的主体请求其不作为。在首次存在违法行为的危险之虞时，也存在该请求权。准用第 18 条、第 19 条、第 19a 条及第 19c 条。

2. 准用第 128 条第 2 款及第 3 款。

第 136 条 诉讼时效

第 135 条规定的请求权根据第 20 条而完成诉讼时效。

第三章 授权颁布行政法规

第 137 条 专利局程序；对请求的异议

1. 授权联邦司法部，在与联邦经济与技术部及联邦食品、农业与消费者保护部意见一致并在联邦议会同意的情况下，通过行政法规对各个产地来源标志作出具体规定。

2. 在行政法规中可以：

(1) 通过参考政治或地理边界规定来源区域；

(2) 规定第 127 条第 2 款意义的质量或其他性质及对此具有决定意义的情形，特别如生产或制造商品或提供服务的程序或方法，或所用原料的质量或其他性质如其来源；

(3) 规定使用产地来源标志的方式。

在规定时应考虑产地来源标志使用中的诚信惯例与习俗。

第 138 条 对（欧洲共同体）510/2006 号条例之下的请求及异议程序的其他规定

1. 授权联邦司法部，在无需联邦议会同意的情况下通过行政法规对请求、异议、修改及撤销程序（第130~132 条）作出具体规定。

2. 联邦司法部可以无需联邦议会的同意通过行政法规将第 1 款规定的颁布行政法规的授权全部或部分地移交给专利局。

第 139 条 （欧洲共同体）510/2006 号条例的实施规定

1. 以（欧洲共同体）510/2006 号条例及为实施其而颁布的欧洲共同体理事会或委员会的法律规定需要为限，授权联邦司法部在与联邦经济与技术部及联邦食品、农业与消费者保护部意见一致并在联邦议会同意的情况下，通过行政法规对（欧洲共同体）510/2006 号条例之下的原产地名称与地理标志保护作出进一步的详细规定。在第 1 句规定的行政法规中特别可以规定：

（1）农产品或食品的标示；

（2）使用受保护名称的资格；

（3）共同体内运输时或进出口中的监管与检查的条件及程序。

成员国根据第 1 句所称的共同体法律规定有权颁布补充规定的，也可以颁布第 1 句规定的行政法规。

2. 授权州政府，通过行政法规将（欧洲共同体）510/2006 号条例第 11 条规定的必要的检查移交给被批准的私人检查机构执行或允许这些机构参与检查。州政府也可以通过行政法规规定私人检查机构的审批条件与程序。州政府有权将第 1 句、第 2 句规定的授权通过行政法规全部或部分移交给其他机关。

第七部分　标志诉讼程序

第 140 条　*标志争议案件*

1. 对于为主张因本法规范的法律关系而产生的请求权所提起的诉讼（标志争议案件），不论其标的额，由州法院专属管辖。

2. 以旨在客观地促进或更快地结束诉讼为限，授权州政府，通过法规指定由一个州法院负责管辖数个州法院管辖区的标志争议案件。州政府可以将该项授权移交给州司法行政机关。各州此外可以通过协议将一个州的法院承担的任务全部或部分移交给另一个州的有管辖权的法院。

3. 因专利代理人共同参与标志争议案件而产生的费用中，必须支付《律师报酬法》第 13 条规定的费用及专利代理人支付的必要的垫款。

第 141 条　本法与反不正当竞争法规定的请求权的审判籍

既涉及本法规定的法律关系又以《反不正当竞争法》的规定为基础而产生的请求权，不必在《反不正当竞争法》第 14 条❶的规定的审判籍前主张。

---

❶　《反不正当竞争法》第 14 条：1. 对依据本法所提起的诉讼，由被告从事工商业或独立职业的营业所所在地，或在无营业所时，（转下页）

第 142 条 诉讼标的额的减少

1. 一方当事人在通过诉讼主张因本法规范的法律关系而产生的请求权的民事法律争议案件中证明，根据全额诉讼标的额负担诉讼费用将显著地危及其经济状况的，法院基于其请求可以命令，该当事人支付法庭费用的义务根据与其经济状况相适应的诉讼标的额份额计算。

2. 根据第1款的命令具有这样的结果，即受益的当事人同样地仅根据该诉讼标的额份额支付其律师的报酬。由其负担或接受诉讼费用的，其仅需根据该诉讼标的额份额偿付对方当事人已经缴付的法庭费用与律师报酬。由对方当事人负担或接受庭外费用的，受益的当事人的律师可以根据适用于对方当事人的诉讼标的额向对方当事人补收报酬。

3. 根据第1款的请求可以向法院书记处陈述并作成笔录。请求应在审理本案之前提出。在本案审理之后，仅在法院后来又提高已接受或确定的诉讼标的额时，才可以提出请求。在对请求进行裁判之前，应听取对方当事人的陈述。

（接上页）由被告住所所在地法院管辖。被告也无住所的，根据其国内的居所确定。2. 对依据本法提起的诉讼，此外仅由行为地法院管辖。仅当被告在国内既无从事工商业或独立职业的营业所，又无住所时，第1句规定才适用于由根据第8条第3款第2～4项有权主张不作为请求权的主体提起的诉讼。

第八部分　刑罚与罚款规定，进出口中的扣押

第一章　刑罚与罚款规定

第 143 条　可刑罚的标志侵害

1. 对商业交易中的下列行为之一，处 3 年以下自由刑或罚金：

（1）违反第 14 条第 2 款第 1 项或第 2 项违法使用标志；

（2）违反第 14 条第 2 款第 1 项，出于充分利用或损害知名商标的区别力或声誉的意图违法使用标志；

（3）违反第 14 条第 4 款第 1 项违法使用标志，或违反第 14 条第 4 款第 2 项或第 3 项违法许诺销售、销售、占有、进口或出口装潢、包装或标识，但以存在下列情形之一为限：

1）根据第 14 条第 2 款第 1 项或第 2 项本可以禁止第三人使用标志；

2）根据第 14 条第 2 款第 3 项本可以禁止第三人使用标志以及出于使得充分利用或损害知名商标的区别力或声誉成为可能的意图而实施行为；

(4) 违反第 15 条第 2 款违法使用名称或标志；

(5) 违反第 15 条第 3 款出于充分利用或损害知名商业名称的区别力或声誉的意图违法使用名称或标志。

1a. （已废除）

2. 行为人以犯本罪为职业的，处 5 年以下自由刑或罚金。

3. 犯本罪未遂的，应受处罚。

4. 在第 1 款的情形中，犯罪行为经请求❶才追究。因刑事追究具有特别的公共利益，刑事追究机关认为必须依职权采取措施的除外。

5. 可以没收犯罪行为涉及的物品。适用《刑法典》第 74a 条。以在第 18 条中所称的销毁请求权在根据《刑事诉讼法》关于受害人的补偿的法律规定（第 403～406c 条）的程序中已满足为限，不适用关于没收的规定。

6. 处以刑罚的，在受害人提出请求且对此具有合法利益时，应命令公告判决。在判决中确定公告的方式。

7. （已废除）

第 143a 条　可刑罚的共同体商标侵害

1. 商业交易中未经商标所有人的同意不顾禁止而实施下列行为之一，并从而侵害理事会 2009 年 2 月 26 日（欧洲共同体）207/2009 号《共同体商标条例》（经编纂

---

❶ 不是指提起刑事自诉。这是指刑事追究机关即国家检察机关经请求而不是依职权主动采取追究措施。检察机关得到请求后，向法院提起公诉。

的文本)(《欧洲联盟官方公报》,2009年3月24日L 78号,第1页)规定的共同体商标所有人权利的,处3年以下自由刑或罚金:

(1)为与享有共同体商标保护的商品或服务相同的商品或服务,使用与共同体商标相同的标志;

(2)使用某种标志,由于该标志与共同体商标相同或近似,且由该标志与共同体商标所包含的商品或服务相同或类似,而在公众中产生包含该标志与共同体商标之间存在想象上的关联危险在内的混淆危险;

(3)为与享有共同体商标保护的商品或服务不相类似的商品或服务,使用与共同体商标相同或近似的标志,但以共同体商标是共同体内知名商标,且该标志的使用将无合理理由而以不正当的方式充分利用或损害共同体商标的区别力或声誉为限。

2. 准用第143条第2~6款。

第144条 可刑罚的产地来源标志的使用

1. 商业交易中因下列情形之一而违法使用产地来源标志、名称、标识的,处2年以下自由刑或罚金:

(1)违反第127条第1款或第2款,在每种情况下❶也结合第4款或第137条第1款规定的行政法规;

(2)违反第127条第3款,也结合第4款或第137条第1款规定的行政法规,并出于充分利用或损害产地来源标志的声誉或区别力的意图。

2. 商业交易中违反理事会2006年3月20日(欧洲

---

❶ 指的是违反第127条第1款及第2款这两种情况。

共同体）510/2006 号《农产品与食品地理标志及原产地名称保护条例》（《欧洲联盟官方公报》，L 93 号，第 12 页）第 13 条第 1 款第 1 项或第 2 项而实施下列行为之一的，处与前款相同的处罚：

（1）为那里❶所称的产品使用已登记的名称；

（2）占用或模仿已登记的名称的。

3. 犯本罪未遂的，应受处罚。

4. 法院在有罪判决中，应命令清除为被判有罪的人占有的物的违法标识，或这不可能时命令销毁物。

5. 处以刑罚的，因公共利益而需要时，应命令公告判决。在判决中确定公告的方式。

第 145 条　罚款规定

1. 商业交易中为标示商品或服务目的以相同或模仿形式违法使用下列标志之一的，构成行政违法行为：

（1）第 8 条第 2 款第 6 项意义的国徽、国旗或其他的国家尊严标志或国内地区、市镇或其他地区社团的徽章；

（2）第 8 条第 2 款第 7 项意义的官方检验标志、保证标志；

（3）第 8 条第 2 款第 8 项意义的标志、印章或名称。

2. 故意或有过失地实施下列行为之一的，构成行政违法行为：

（1）违反第 134 条第 3 款、第 4 款而

1）拒绝允许进入或检查工作场所、地产、销售店或

---

❶ 指的是前述保护条例第 1 款第 1 项或第 2 项。

运输工具；

2）不以能按规定进行检查的方式展示待检查的农产品或食品；

3）在检查中不提供必要的帮助；

4）不允许提取样品；

5）不提交或不完全提交或不允许审查商业文件；

6）不提供、不及时提供或不完全提供信息。

（2）违反根据第139条第1款颁布的行政法规，但以该行政法规对特定的违法行为指引了本罚款规定为限。

3. 对行政违法行为，在第1款的情形中处最高2 500欧元罚款，在第2款的情形中处最高10 000欧元罚款。

4. 在第1款的情形中，准用第144条第4款。

5. 在第1款的情形中，联邦司法部是《行政违法法》第36条第1款第1句意义的行政机关。

第二章 商品进出口中的扣押

第146条 侵害标志权中的扣押

1. 以侵权明显及不适用理事会2003年7月22日（欧洲共同体）1383/2003号《关于针对有侵害特定知识产权嫌疑的货物的海关措施与针对明显侵害这些权利的

货物的措施的条例》❶（《欧洲联盟官方公报》，L 196 号，第 7 页）的当时生效文本为限，依请求且权利所有人提供担保时，海关在进口或出口中扣押违法带有根据本法而受到保护的商标或商业名称的产品。仅以由海关检查为限，该规定适用于与欧洲联盟其他成员国及《欧洲经济区协议》的其他协议国的交易。

2. 海关命令扣押的，应不迟延地通知处分权人及请求人。将产品的来源、数量与仓库所在地及处分权人的姓名与通信地址通知请求人。通信秘密（《基本法》第 10 条）在此受到限制。以不因此侵害商业或技术秘密为限，给予请求人检查产品的机会。

第 147 条 没收，异议，扣押的取消

1. 至迟在根据第 146 条第 2 款第 1 句送达通知之后的 2 个星期届满之后对扣押未提出异议的，海关命令没收被扣押的产品。

2. 处分权人对扣押提出异议的，海关应将此不迟延地通知请求人。请求人必须不迟延地向海关声明，其是否维持根据第 146 条第 1 款的与被扣押产品相关的请求。

3. 请求人撤回请求的，海关不迟延地取消扣押。请求人维持请求并提交可执行的命令保管产品或限制处分的法院裁判的，海关采取必要的措施。

4. 不存在第 3 款规定的情形的，海关在根据第 2 款第 1 句送达通知于请求人之后的 2 个星期届满之后取消

---

❶ 该条例对两类货物规定了两类措施：对有侵权嫌疑的货物的海关措施；对有明显侵权的货物的包含海关措施在内的措施。

扣押。请求人证实，已经请求第3款第2句规定的法院裁判但尚未送达于请求人的，再维持最长2个星期的扣押。

第148条 管辖，法律救济

1. 根据第146条第1款的请求必须向联邦税务代表处提出，只要未提出更短的生效期限的，该请求具有1年的效力。可以重复请求。

2. 对于与请求相联系的行政行为按照《税收条例》第178条向请求人收取费用。

3. 对于扣押与没收，可以根据在《行政违法法》规定的针对扣押与没收的罚款程序中准许的法律救济，予以撤销。在法律救济程序中必须听取请求人意见。不服区法院裁判的，可以提起即时抗告。该抗告由州高等法院裁判。

第149条 无理由扣押中的损害赔偿

扣押被证实自一开始即无理由且请求人维持根据第146条第1款的与被扣押产品相关的请求或未不迟延地声明（第147条第2款第2句）的，请求人负向处分权人赔偿因扣押而产生的损害的义务。

第150条 根据（欧洲共同体）1383/2003号条例的程序

1. 有管辖权的海关根据（欧洲共同体）1383/2003号条例第9条中断或阻止货物转移的，应将此不迟延地通知权利所有人及申报人、占有人或货物的所有权人。

2. 在第1款的情形中，权利所有人可以请求在（欧洲共同体）1383/2003 号条例第 11 条意义的下述简化程序❶中销毁货物。

3. 必须在根据第 1 款送达通知之后的 10 个工作日之内或在易变质货物的情形中在 3 个工作日之内向海关提出书面请求。请求书必须包含作为程序标的的货物侵害了根据本法保护的权利的通知。附申报人、占有人或货物的所有权人的销毁货物的书面同意。不影响第 3 句的适用，申报人、占有人或所有权人可以直接向海关作出是否同意销毁的书面声明。第 1 句所称的期限可以在届满之前依权利所有人的请求延长 10 个工作日。

4. 申报人、占有人或货物的所有权人在根据第 1 款送达通知之后的 10 个工作日之内或在易变质货物的情形中在 3 个工作日之内对销毁未提出异议的，视为同意销毁。在根据第 1 款的通知中应指明该情况。

5. 销毁货物由权利所有人承担费用与责任。

6. 海关站可以承担销毁的组织工作。第 5 款不受影响。

7. 根据（欧洲共同体）1383/2003 号条例第 11 条第 1 款第二点的保管期限总计 1 年。

8. 以（欧洲共同体）1383/2003 号条例未包含相反规定为限，在其余情况下准用第 146~149 条。

第 151 条 根据德国法的产地来源标志中的程序

1. 以侵权明显及不适用（欧洲共同体）1383/2003 号条例为限，为清除违法标识目的，在进口、出口或过

---

❶ 指的是接下来第 3 款与第 4 款规定的程序。

境中扣押违法带有根据本法或欧洲共同体的法律规定而受到保护的产地来源标志的产品。仅以由海关检查为限，该规定适用于与欧洲联盟其他成员国及《欧洲经济区协议》的其他协议国的交易。

2. 扣押由海关执行。海关也命令采取为清除违法标识而所必要的措施。

3. 未遵守海关的命令或清除不适当的，海关命令没收产品。

4. 对于扣押与没收，可以根据在《行政违法法》规定的针对扣押与没收的罚款程序中准许的法律救济，予以撤销。在法律救济程序中必须听取请求人意见。不服区法院裁判的，可以提起即时抗告。该抗告由州高等法院裁判。

第九部分 过渡规定

第 152 条 本法的适用

以下述未作其他规定为限,本法规定也适用于 1995 年 1 月 1 日之前已提出申请或已注册的或通过使用而在商业交易中或通过驰名而取得的商标及 1995 年 1 月 1 日之前根据到那时为止❶适用的法律而受保护的商业名称❷。

第 153 条 对主张因侵害而产生的请求权的限制

1. 1995 年 1 月 1 日之前已注册的或通过使用而在商业交易中或通过驰名而取得的商标或商业名称的所有人,根据到那时为止适用的法律对商标、商业名称或相同标志的使用不享有因侵害而产生的请求权的,不得对这些商标、商业名称或标志的继续使用主张本法规定的因商标或商业名称而产生的权利。

2. 第 21 条适用于 1995 年 1 月 1 日之前已注册的或通过使用而在商业交易中或通过驰名而取得的商标或商业名称的所有人的请求权,但在第 21 条第 1 款、第 2 款中规定的 5 年期限自 1995 年 1 月 1 日起算。

---

❶ 指的是到 1995 年 1 月 1 日为止。
❷ 1995 年之后的《商标法》第 14 条保护商标,第 15 条保护商业名称。而 1995 年之前,商业名称是根据《反不正当竞争法》保护。

第 154 条 物权，强制执行，破产程序

1. 1995 年 1 月 1 日之前，对通过商标申请或注册而产生的权利设立物权或通过商标申请或注册而产生的权利成为强制执行措施的标的的，这些物权或措施可以根据第 29 条第 2 款登记于注册簿。

2. 通过商标申请或注册而产生的权利被列入破产程序的，准用第 1 款。

第 155 条 许可

第 30 条第 5 款适用于 1995 年 1 月 1 日之前对通过商标的申请、注册、使用或驰名产生的权利所授予的许可，但仅以涉及 1995 年之后登记的权利转移或授予第三人的许可为限，第 30 条第 5 款才对许可具有效力。

第 156 条 对已提出申请的商标的绝对保护障碍的审查

1. 1995 年 1 月 1 日之前对标志提出申请，该标志根据到那时为止适用的法律规定基于由专利局依职权必须考虑的理由而排除注册，但根据本法第 3 条、第 7 条、第 8 条或第 10 条不被排除注册的，则适用本法规定，但申请视为于 1995 年 1 月 1 日提交，且不考虑原申请日及也许被要求的优先权日对于确定第 6 条第 2 款的时间顺序具有决定意义。

2. 专利局在对已提出申请的标志审查时，如果存在第 1 款规定的情形，应将此通知申请人。

3. 申请人在送达第 2 款规定的通知之后的 2 个月期限内通知专利局，其同意推迟第 1 款意义的时间顺序的，该标志的申请作为商标申请根据本法予以继续处理。

4. 申请人通知专利局，其不同意推迟第 1 款意义的时间顺序，或其在第 3 款规定的期限内未作出声明的，专利局驳回申请。

5. 申请人也还可以在 1995 年 1 月 1 日尚未审结的对驳回申请提出抗议、抗告或法律抗告的程序中作出第 3 款规定的声明。准用第 2～4 款。

第 157 条 公布与注册

1995 年 1 月 1 日之前根据《货物标志法》❶ 第 5 条第 1 款已决定公布申请，但申请根据《货物标志法》第 5 条第 2 款还没有公布的，商标无需事前的公布而根据第 41 条注册于注册簿。为在作出公布的决定之后提出的加速注册请求已缴纳在《货物标志法》第 6a 条第 2 款中规定的费用的，该费用依职权应予以退还。

第 158 条 异议程序

1. 在 1995 年 1 月 1 日之前，商标申请根据《货物标志法》第 5 条第 2 款或商标注册根据《货物标志法》第 6a 条第 3 款结合《货物标志法》第 5 条第 2 款已予以公布的，在《货物标志法》第 5 条第 4 款规定期限内的异议既可以以《货物标志法》第 5 条第 4 款规定的异议理由又可以以第 42 条第 2 款规定的异议理由为依据。在《货物标志法》第 5 条第 4 款规定期限内未提起异议的，以未涉及《货物标志法》第 6a 条第 1 款规定的已注册商

---

❶ 在 1994 年 10 月 25 日颁布的《商标法》于 1995 年 1 月 1 日生效之前，德国商标法的名称为《货物标志法》。

标为限,则根据第 41 条将商标注册于注册簿。对该注册不得根据第 42 条提起异议。

2. 对根据《货物标志法》第 5 条第 2 款已公布的商标注册或根据《货物标志法》第 6a 条第 1 款已注册商标的注册,1995 年 1 月 1 日之前根据《货物标志法》第 5 条第 4 款或 1995 年 1 月 1 日之后根据第 1 款提起异议的,以异议以《货物标志法》第 5 条第 4 款第 2 项、第 3 项规定的异议理由为依据为限,继续适用这些理由。异议以《货物标志法》第 5 条第 4 款第 1 项规定的异议理由为依据的,代替该规定而适用第 42 条第 2 款第 1 项的规定。

3. 在 1995 年 1 月 1 日之前提起的异议程序中,就商标使用发生争议且基于商标使用而提起异议,或就商标使用在这种异议程序中发生争议的,代替《货物标志法》第 5 条第 7 款而准用第 43 条第 1 款。专利法院抗告程序在 1995 年 1 月 1 日尚未审结的,第 1 句也适用于该程序。第 1 句不适用于在 1995 年 1 月 1 日尚未审结的法律抗告程序。

4. 驳回异议的,以未涉及根据《货物标志法》第 6a 条第 1 款而已注册的商标为限,将商标根据第 41 条注册于注册簿。

5. 认为对根据《货物标志法》第 5 条第 2 款而公布的申请提起的异议成立的,则不予以注册。认为对根据《货物标志法》第 6a 条第 1 款而已注册的商标提起的异议成立的,则根据第 43 条第 2 款第 1 句撤销注册。

6. 在第 1 款第 2 句及第 4 款第 1 句的情形中,不得基于依职权必须考虑注册障碍而驳回申请。

第 159 条 申请的分案

对于根据《货物标志法》第 5 条第 2 款在 1995 年 1 月 1 日之前公布的申请的分案，适用第 40 条，但到异议期限届满才能提出分案声明，且在提出分案声明时尚未审结的异议在分案后仅针对原申请的一部分时分案声明才是合法的。原申请的未被提起异议的部分，应根据第 41 条注册于注册簿。对该注册不得根据第 42 条提起异议。

第 160 条 保护期限及续展

本法关于保护期限与续展的规定（第 47 条）也适用于 1995 年 1 月 1 日之前已注册的商标，但保护期限根据《货物标志法》第 9 条第 2 款在 1995 年 1 月 1 日之前届满时，对于已注册商标的保护期限续展费用在到期之前能有效缴纳的日期的计算，继续适用《货物标志法》第 9 条第 2 款的规定。

第 161 条 已注册商标因失效而撤销

1. 1995 年 1 月 1 日之前根据《货物标志法》第 11 条第 4 款向专利局提起撤销商标注册的请求，且《货物标志法》第 11 条第 4 款第 3 句规定对撤销提起异议的期限在 1995 年 1 月 1 日尚未届满的，该期限总计为 2 个月。

2. 1995 年 1 月 1 日之前根据《货物标志法》第 11 条第 1 款第 3 项或第 4 项提起撤销商标注册的诉讼，仅当既根据到那时为止适用的法律规定又根据本法规定诉讼被认为成立时，才撤销注册。

第 162 条　已注册商标因绝对保护障碍而撤销

1. 1995 年 1 月 1 日之前商标所有人被告知，商标注册根据《货物标志法》第 10 条第 2 款第 2 项应予以撤销，且《货物标志法》第 10 条第 3 款第 2 句规定对撤销提起异议的期限在 1995 年 1 月 1 日尚未届满的，该期限总计为 2 个月。

2. 1995 年 1 月 1 日之前依职权为撤销商标注册目的因存在绝对保护障碍根据《货物标志法》第 10 条第 2 款第 2 项启动了程序，或在此之前根据该规定提起撤销商标注册的请求的，仅当既根据到那时为止适用的法律规定又根据本法规定不可受保护时，才撤销注册。1995 年 1 月 1 日之后根据第 54 条为撤销在 1995 年 1 月 1 日之前已注册商标的注册目的启动了程序的，不适用该规定。

第 163 条　已注册商标因存在在先权利而撤销

1. 1995 年 1 月 1 日之前基于在先商标申请根据《货物标志法》第 11 条第 1 款第 1 项或基于其他在先权利提起撤销商标注册的诉讼的，以第 2 款未作其他规定为限，仅当既根据到那时为止适用的法律规定又根据本法规定诉讼被认为成立时，才撤销注册。1995 年 1 月 1 日之后根据第 55 条提起撤销在 1995 年 1 月 1 日之前已注册商标的注册的诉讼的，也适用该规定。

2. 在第 1 款第 1 句的情形中，不适用第 51 条第 2 款第 1 句、第 2 句。在第 1 款第 2 句的情形中，适用第 51 条第 2 款第 1 句、第 2 句，5 年的期限自 1995 年 1 月 1 日开始起算。

第 164 条 （已废除）

第 165 条 过渡规定

1. 准用《民法典实施法》第 229 条第 6 款，但以适用至 2002 年 1 月 1 日的文本中的第 20 条与适用至 2002 年 1 月 1 日的文本中的《民法典》关于诉讼时效的规定等同为限。

2. 2009 年 10 月 1 日之前提交申请的，对于对注册提起的异议适用适用至 2009 年 10 月 1 日的文本的第 42 条。

3. 对于在 2009 年 10 月 1 日之前提起的抗议及抗告，适用适用至 2009 年 9 月 30 日的文本的第 64～66 条。对于由一参与人提起抗议而另一参与人提起抗告的多边程序，提起抗告的日期对所称规定的适用具有决定意义。